마이데이터
제대로 알기

김명희
오세창
이동렬

지 음

MY
DATA

마이데이터
제대로 알기

바이북스
ByBooks

마이데이터 15문 15답

1. 마이데이터에 대한 일반적인 궁금증

Q1. 모든 개인정보는 마이데이터라고 할 수 있나요?

마이데이터는 정보주체의 개인정보 자기결정권에 기초하여 정보제공
역할 조직으로부터 마이데이터 서비스 조직으로 이동되어 활용되는 개인
정보입니다. 좁은 의미로 마이데이터는 정보주체 개인에 대한 정보, 정보
의 처리과정에 개인이 참여한 정보, 디지털 데이터로서 개인정보의 전송
요구권이 행사되어 데이터 활용 서비스에서 이용되는 개인정보를 이야기
합니다. 기업이나 기관이 처리하여 생성한 개인정보나 전송요구권의 대상
이 되지 않는 개인정보는 마이데이터가 아닙니다.

Q2. 마이데이터는 개인이 소유권을 갖고 있나요?

마이데이터는 마이My라는 이름 때문인지 개인이 소유권을 갖는다는 오
해가 많습니다. 개인정보는 법적 의미의 소유권 대상이 될 수 없습니다.
따라서 마이데이터도 개인이 소유권을 갖고 있다고 보기 어렵습니다. 개
인이 개인정보 자기결정권에 따라 마이데이터에 대한 통제권을 갖는다고

보는 것이 바람직합니다.

Q3. 나의 개인정보를 판매할 수 있나요?

정보주체인 개인이 자신의 개인정보를 특정목적에 사용하는 데 동의하고 그 대가를 받는 것은 허용됩니다. 그러나 아직 국내에는 내 개인정보를 이용하고 금전적인 대가를 제공하는 플랫폼이나 서비스는 활성화되어 있지 않습니다. 마이데이터 사업자도 고객의 동의를 얻으면 해당 정보를 제3자에게 제공하거나 판매할 수 있습니다.

Q4. 개인이 죽은 후에 마이데이터는 어떻게 처리되나요?

「개인정보 보호법」이 보호하는 개인정보는 살아 있는 개인에 대한 정보입니다. 현 법체계 상에서는 개인 사망 후에는 마이데이터도 별도 보호를 받지 못하게 됩니다. 하지만 해외에서는 사망한 사람의 개인정보를 유가족이 다운로드 받기를 원할 경우 이를 허용하는 기업들도 나타나고 있어, 점차 사후의 디지털 데이터에 대한 권리에 대해서도 법적인 보호가 늘어나게 될 것으로 보입니다.

Q5. 가명정보와 익명정보도 마이데이터인가요?

가명정보, 익명정보는 개인을 특정할 수 없는 정보이기에 정보이동권 행사의 대상이 될 수 없고 따라서 마이데이터가 아닙니다. 가명정보와 익명정보가 정보이동권의 행사 대상은 아니지만, 마이데이터를 이용해 서비스를 제공하는 마이데이터 사업자는 기업이 보유한 마이데이터와 가명정보/익명정보를 결합하여 더 나은 서비스를 제공할 수 있습니다.

2. 데이터 이동권에 대한 궁금증

Q6. 데이터이동권과 정보 전송요구권은 동일한 개념인가요?

둘은 거의 같은 의미로 사용되나, 엄격히 구분하는 경우에 데이터이동권은 개인정보를 정보처리자의 방해 없이 전자적인 형태로 이동, 사용할 수 있는 개념적인 권리를 강조하기 위해, 전송요구권은 정보처리자에게 개인정보를 특정 제3자에게 전송할 것을 요구할 수 있는 권리의 실현 수단을 강조하기 위해 사용하는 경우가 많습니다. EU GDPR에는 데이터 이동권Right to data portability이 포함되어 있으나, 아직까지 시행중인 국내 법률에서는 데이터 이동권이라는 용어를 정의하고 있지는 않고, 개인신용정보의 전송요구권, 정보주체 본인에 관한 행정정보의 제공요구권, 민원인의 요구에 의한 본인정보 공동이용권 등으로 규정되어 있습니다. 현재 입법예고중인 「개인정보 보호법」 개정안에서는 데이터 전송요구권이라는 용어를 사용하고 있습니다.

Q7. 개인정보를 보유한 모든 기업이 전송의무 대상인가요?

현재까지는 「신용정보법」에 따라 개인신용정보만이 전송의무 대상입니다. 개인신용정보를 보유하지 않은 기업은 전송의무가 없습니다.

Q8. 정보제공자는 무료로 정보제공을 할 의무가 있나요?

금융 마이데이터에서는 개인신용정보를 정기적으로 전송하는 경우에 필요한 범위에서 최소한의 비용을 금융 마이데이터사업자에게 부담시킬 수 있습니다. 그러나 비용부담의 시행은 1년간 유예될 예정입니다. 현재 입법예고 중인 「개인정보 보호법」 개정안에도 실비부담을 규정하고 있습니다.

Q9. 22년 1월부터는 모든 분야에서 개인 동의하에 스크린 스크래핑을 통해 개인정보를 수집하는 것도 불법인가요?

「신용정보법」은 2022년 1월부터 본인신용정보관리업자가 스크린 스크래핑을 통해 개인신용정보를 수집하는 것을 금하고 있습니다. 2022년 이후에도 신용정보 이외의 정보는 스크린 스크래핑을 이용해 수집할 수 있고, 본인신용정보관리업자가 아니면 신용정보라도 스크린 스크래핑을 통해 수집할 수 있습니다.

3. 마이데이터 사업에 대한 궁금증

Q10. 마이데이터 사업은 허가 받은 회사만 할 수 있나요?

좁은 의미에서 '마이데이터 사업'은 금융분야의 마이데이터 사업으로, 「신용정보법」에 정의된 '본인신용정보관리업'을 의미합니다. 본인신용정보관리업은 금융위의 허가를 받아야 영위할 수 있는 전문 금융업이므로 금융 마이데이터 사업은 허가 받은 회사만 할 수 있습니다. 그러나 넓은 의미로는 금융분야 이외에서도 개인의 동의를 거쳐 개인정보를 수집, 관리하는 서비스가 있을 수 있으며, 이러한 사업에 대해서는 아직까지 별도의 법적인 허가가 필요하지는 않습니다. 현재 입법예고 중인 「개인정보 보호법」이 개정되면 마이데이터 사업자는 개인정보관리 전문기관으로 지정

받아야 합니다. 추후 분야별 법률에 따라 금융 외의 분야에서도 허가, 인가 등 별도의 자격요건이 필요할 수도 있습니다.

Q11. 금융 마이데이터 사업자도 전송요구를 받으면 정보를 제공할 의무가 있나요?

고객은 금융 마이데이터 사업자에게도 전송요구를 할 수 있으며, 마이데이터 사업자는 전송요구에 응해야 합니다. 단, 타 정보제공자를 통해 수집한 정보에 대해서는 전송의무를 지지 않습니다.

Q12. 금융 마이데이터 API 이외에 허용된 정보 제공 수단은 무엇이 있나요?

스크린 스크래핑 이외의 수단이면 됩니다. 예를 들면, 고객으로부터의 개별 제공 동의를 얻고 PDS 등의 수단을 이용한다든지, 오픈뱅킹API를 이용한다든지 할 수 있습니다.

Q13. 금융 마이데이터 사업자가 웹사이트나 앱을 통한 서비스의 제공 없이 정보 수집과 제3자 정보제공만을 목적으로 마이데이터를 수집할 수 있을까요?

금융 마이데이터 사업자는 고객이 접근할 수 있는 고유한 서비스 채널(홈페이지, 앱 등)을 운영하여야 합니다. 따라서 금융 마이데이터 사업자는 고유한 서비스채널 없이 정보수집과 제3자 제공만을 할 수는 없습니다.

Q14. 금융 마이데이터 사업자가 데이터 중계 또는 중개업을 할 수 있나요?

데이터 중계업은 정보제공을 하는 회사를 대신하여 마이데이터 사업자에게 금융정보를 전송하는 사업을 의미합니다. 데이터 중개업은 데이터를 원하는 회사와 데이터를 보유하고 있는 회사 간에 거래가 일어날 수 있도록 소개, 알선을 하는 사업을 의미합니다. 「신용정보법」상 중계기관은 「신용정보법」 시행령에 명시된 종합 신용정보집중기관(신용정보원), 금융결제원, 상호저축은행중앙회, 새마을금고중앙회 등과 이와 유사한 기관으로서 금융위가 지정하는 기관입니다. 금융 마이데이터 사업자는 이들 기관과 유사한 기관으로 보기 어려우므로 신정법상의 중계기관으로 지정 받을 수 없습니다. 반면에 금융 마이데이터 사업자에게 데이터 중개업을 금하는 규제는 없습니다.

Q15. 마이데이터 사업자는 해외 업체의 클라우드 서비스를 사용할 수 있나요?

클라우드 사업자 안정성 평가 등 전자금융감독규정의 요건을 지키는 경우 해외 업체의 클라우드 서비스를 이용할 수 있습니다. 단, 데이터는 국내에 위치한 IDC에 저장되어야 합니다.

마이데이터는 무엇이고
어떤 가치를 주는가?

PART 1

PART 2 마이데이터는 어떻게 발전해 왔나?

마이데이터 관련 법제도와 기술

PART 3

PART 1

마이데이터는 무엇이고
어떤 가치를 주는가?

1 장

왜 지금
마이데이터인가?

우리 사회는 데이터를 기반으로 하는 데이터 경제의 문턱에서 여러 혁신적 변화를 맞고 있다. 데이터 경제로의 전환을 위해서 개인정보의 활용 필요성이 어느 때보다 커지고 있으며, 정보주체인 개인은 나의 정보를 안전하면서도 유용하게 사용하려는 욕구를 더 많이 느끼고 있다. 이 장에서는 개인정보의 안전한 활용 수단으로서의 마이데이터와, 개인의 데이터주권 확립을 위한 사회운동으로서의 마이데이터를 살펴보려 한다.

데이터 경제로의 전환을 위해
개인정보 활용의 필요성이 커지고 있다

4차산업혁명은 우리 주변에서 쉽게 들을 수 있는 일상어가 된 지 오래이다. 2016년 2월 다보스 포럼에서 4차산업혁명이 주요 안건으로 다루어진 이후 우리나라에서는 이에 대한 큰 관심이 일었고, 2017년 10월에 대통령직속 4차산업혁명위원회가 출범하였다. 4차산업혁명이 구체적으로 무엇이고, 이전의 1, 2, 3차 산업혁명과는 어떻게 다른가는 정의하는 사람들마다 조금씩 차이를 보이기는 하지만, 핵심은 '지능화'된 기기의 활용과 지능화를 위한 데이터의 중요성에 대한 인식이라 할 수 있다. 자동차가 스스로 도로 상황을 판단해서 자율 주행을 하고 스마트 빌딩이 사용하지 않는 기기를 제어해서 전력을 절약하는 것은 대표적인 지능화된 기기 활용의 예이다.

4차산업혁명을 이야기할 때 빠지지 않는 것이 '데이터 경제'이다. 정부 정책 브리핑 사이트 www.korea.kr의 정책위키에서는 데이터 경제를 '데이터의 활용이 다른 산업의 촉매 역할을 하고 새로운 제품과 서비스를 창출하는 경제'로 정의하고 있다. 이제 데이터는 잘 보호해서 오남용이 되지 않도록 해야 할 대상에서 잘 활용하면 경제성장을 촉진할 수 있는 새로운 자원으로 인식이 바뀌고 있다. 많이 인용되는 유명한 어구인 '데이터는 새로운 원유Data is the new oil'라는 표현이 이러한 시각의 변화를 간결하게 보여준다.

데이터가 경제 성장의 밑거름이자 새로운 원자재로 인식되면서, 더 많은 데이터, 더 양질의 데이터를 확보하는 것이 많은 기업의 최우선 과제가 되었다. 세계 각국은 데이터 활용을 촉진하기 위해 다양한 정책을 펼쳐 왔다. 먼저 손쉬운 데이터의 원천으로 공공이 보유하고 있는 방대한 데이터에 눈을 돌려 공공 데이터를 개방하는 정책을 펼쳤다. 유럽연합의 디지털 싱글 마켓 전략(2015)과 유럽 데이터경제 육성 전략(2017), 미국의 Data. gov(2009) 및 빅데이터 R&D 전략계획(2016) 등이 공공 데이터 개방을 강조했다.

공공 데이터 개방정책이 데이터의 유통과 활용을 활성화하는 출발점이 되었지만, 공공 데이터만으로는 새로운 서비스와 상품의 출현을 돕기에 충분하지 않았다. 특히, 기업들이 보유하고 있는 개인정보의 활용이 초개인화 시대에 혁신적 상품·서비스 개발에 필수적이나, 공공 데이터 개방 정책만으로는 이러한 개인정보의 활용을 촉진할 수는 없었던 것이다. 법·제도적으로 개인정보의 활용이 비교적 쉬운 미국과 중국의 경우는 별도의 정책 없이도 데이터 브로커와 유통시장이 자생적으로 발전하고 있으나, 강력한 개인정보보호 체계를 가진 우리나라, EU, 일본 등에서는 개인정보를 활발하게 활용하기 위해 별도의 법·제도가 필요했다. 이에 따라 개인정보에 대한 정책도 이전의 프라이버시 보호 일변도에서, 개인정보의 보호와 활용 간의 균형을 추구하는 방향으로 변화가 이루어지게 되었다. 이렇게 경제 성장을 위한 데이터의 확보와 활용 촉진을 추구하면서 등장한 것으로 가명정보, 양립 가능성, 개인정보이동권의 개념이 있다.

개인정보 활용을 활성화하기 위한 제도적 장치

우리나라는 헌법적 권리로 인정되는 개인정보의 자기결정권을 위해 엄격한 동의주의를 요구하고 있다. 한마디로 개인정보를 이용하기 위해서는 개인으로부터 이용목적과 범위에 대한 구체적인 동의를 받아야 한다는 것이다. 이는 한편으로 동의 만능의 인식을 불러 개인의 입장에서는 지나치게 많은 동의를 요구받게 되고, 또 동의의 내용과 개인정보처리방침 등이 복잡해 충분히 이해하지 못한 상태에서 동의하는 경우가 생기게 되었다. 이렇게 엄격한 동의주의는 동의에 많은 비용이 들고 혁신을 방해한다는 점, 그리고 형식적인 동의로 인해 실질적인 자기결정권의 보호에도 미흡하다는 점에서 비판이 존재한다.

이러한 문제점을 완화하기 위해 2020년의 「신용정보법」, 그리고 현 「개인정보 보호법」 개정안에서는 알고 하는 동의를 도울 수 있는 제도를 도입하고 있다. 개인정보처리의 안전성·적합성과 같은 보호수준을 시각적으로 알기 쉽게 '우수', '보통', '미흡' 등의 단계로 보여주는 신호등 표시제와 같은 것들이 그 예이다.

앞에서 말한 가명정보, 양립 가능성과 개인정보이동권은 엄격한 동의주의 하에서 개인정보 활용을 촉진하는 기능을 한다는 면에서 공통점이 있지만, 구체적인 작동 방식은 다르다. 가명정보와 양립 가능성이 특정한 경우에 개인의 명시적 동의 없이도 개인정보를 활용할 수 있는 길을 열어주는 방식이라면 정보이동권은 개인이 정보활용의 직접적 혜택을 쉽게 받을 수 있는 체계를 만듦으로써 개인이 자발적으로 정보활용에 동의하게끔 하는 방식이다.

가명정보

가명정보의 개념은 유럽연합의 개인정보 보호법인 GDPR(2018)에 정의된 이래 2020년 우리나라 데이터 3법(「개인정보 보호법」, 「정보통신망법」, 「신용정보법」)에도 도입되었다. 가명정보란 추가정보를 사용하지 않고는 특정 개인을 알아볼 수 없도록 처리한 개인정보를 말한다. 정의에서도 알 수 있듯이 가명처리를 한 정보는 여전히 개인정보이다. 다만 추가적인 정보가 없다면 누구인지 식별하는 것이 어려울 뿐이다. 예를 들면 이름, 생년월일, 휴대폰 번호가 포함된 개인정보에서 이름을 암호화하고, 휴대폰 번호를 삭제하는 등의 처리를 하면 가명정보가 된다.

가명정보와 비교되는 개념으로 익명정보가 있다. 익명정보는 더 이상 개인을 알아볼 수 없게 처리한 정보이다. 추가적인 정보가 있더라도 복원이 불가능한 정보로, 위에 예를 들었던 개인정보에서 이름과 휴대폰 번호를 삭제하고, 생별과 생년월일 대신 성별코드와 연령대(예를 들어, '20대')를 남겼다면 익명정보가 된 것이다. 익명정보는 더 이상 개인정보가 아니며, 따라서 「개인정보 보호법」의 적용 대상이 아니다.

가명정보와 익명정보 예시

개인정보

성명	전화번호	성별	생년월일	보험가입 건수
신사임당	010-1234-5617	여	1974.10.1.	3
권율	02-2345-6789	남	1990.3.26.	2

가명정보

ID	성명	전화번호	성별	출생연도	보험가입 건수
9A00F1155584BA5DDFFC4B 6DDD7940431737C6126512 67FBD4716FE93C46F6BA	~~신사 임당~~	~~010-1234-5617~~	여	1974	3
C2E6376B9035D7067C8B68 F25FA34592F210D72E59B8E 3F018C941 B391AB1D99	~~권율~~	~~02-2345-6789~~	남	1990	2

익명정보

성명	전화번호	성별	나이	보험가입 건수
~~신사임당~~	~~010-1234-5617~~	D	40대	3
~~권율~~	~~02-2345-6789~~	C	20대	2

출처: 금융분야 가명·익명처리 안내서, 금융위원회·금융감독원(2020)

가명정보도 개인정보의 일종인데 굳이 별도의 정의가 법에 포함된 이유는 무엇일까? 그것은 가명정보가 몇 가지 경우에 개인의 동의를 얻지 않고도 활용할 수 있도록 허용되어 있기 때문이다. 가명정보는 연구(산업적 연구 포함), 통계 작성(상업적 통계 포함), 공익적 기록보존의 목적이라면 동의 없이도 사용할 수 있다. 가명정보로는 특정한 개인을 알아볼 수 없기에 활용에 일부 제약이 있을 수는 있으나, 익명정보보다는 활용도가 크다.

예를 들어, 온라인 쇼핑사이트에서 고객의 성향에 맞는 상품을 추천하려고 할 때, 가명정보를 활용할 수 있다면 상품 추천을 위한 AI 개발이 가능하다. 상품 추천을 위한 AI 모형을 개발하는 단계와 이를 이용해 특정 개인에게 실제 상품을 추천하는 단계를 나누어 보면, 첫번째 단계에서는 개인을 특정할 필요 없이 그 사람이 가진 여러 특성과 이전의 상품 구매 이력만 가명화하여 사용해도 충분하다. 다만 두번째 단계에서는 특정 개인의 개인정보가 필요하다. 따라서, 가명정보를 이용해 AI를 개발한 다음, 실제 서비스 단계에서 서비스 받기를 원하는 사람의 개인정보 사용 동의를 받고 사용하면 최소한의 동의만으로도 서비스를 제공할 수 있다.

양립 가능성

개인의 동의 없이 개인정보를 사용할 수 있도록 하는 두 번째 제도는 양립 가능성 규정이다. '양립 가능성'이라는 명칭은 정착된 명칭은 아니고, 학자에 따라서는 양립성 규정, 목적합치 규정 등으로 다양하게 부르고 있다. 당초 목적과 합리적 관련성이 있는 범위에서 정보주체의 불이익과 안전조치 등을 고려하여 정보주체의 동의 없이 이용하거나 제3자에게 제공하는 것을 허용하는 것이다(「개인정보 보호법」 제15조 제3항, 제17조 제4항). 이는 먼저 개인정보를 수집하고 나서, 그 수집목적과 다른 새로운 목적이 생겼을 때 이들 목적이 양립 가능한지를 판단하여 개인의 동의없이 개인정보를 사용할 수 있는 제도라 할 수 있다. 알기 쉽게 예를 들자면, 상품 배송을 위해 이름, 주소, 연락처 등의 개인정보를 수집한 쇼핑몰이, 고객

서비스를 개선하기 위한 목적으로 이를 활용하는 것이 당초 목적과 합리적 관련성이 있고 정보주체에 불이익을 주지 않는다면 별도 동의가 필요 없게 된다.

기존에는 개인정보는 당초의 이용목적을 위해서만 활용할 수 있었고, 새로운 목적으로 활용하기 위해서는 다시 동의를 받아야만 했다. 매번 새로운 이용목적이 생길 때마다 정보주체에게 연락해 동의를 구하는 것은 막대한 비용이 들기 때문에 현실적이지 않다. 기업이 보유한 많은 정보를 바탕으로 다양한 시도를 하고, 이를 통해 혁신을 할 수 있는 길이 있지만, 동의를 받는 데 따르는 비용 때문에 이를 포기해야 했던 것이다.

양립 가능성 규정은 원활한 데이터 이용을 위해 도입된 것이기는 하지만, 기존의 동의기반 개인정보 자기결정권 규정과 충돌하는 문제가 있어 일률적으로 어떤 경우에 정보주체의 동의 없는 이용이 가능한지에 대해 결정하기는 어렵다. 정보주체의 권리 보호와 유연한 개인정보의 이용이라는 두 가지 상충하는 가치를 모두 고려하여 결정을 해야 하므로 과연 양립 가능성의 개념을 가지고 동의 없이 개인정보를 활용할 수 있을지에 대해 의구심을 가지는 사람도 많이 있는 듯하다.

개인정보이동권

정보이동권이란 개인정보를 관리·이용하고 있는 개인정보처리자(주로 기업)의 의사와 관계없이 정보주체가 자유롭게 제3자에게 제공할 수 있는 권리이다. 애초에 정보이동권은 정보주체의 자기결정권의 하나로 도입된 것으로, EU「일반 개인정보 보호법」General Data Protection Regulation(이하 GDPR)에서 잊힐 권리(개인정보삭제권) 등과 함께 처음 정의되었다. 이렇게 보면 그 도입 취지가 순전히 개인의 권리 보장인 것으로 보일 수 있지만, 사실은 개인의 권리를 보장함과 동시에 '개인주도의 데이터 유통 생태계'의 실천 전략인 마이데이터의 법적인 기반을 제공하려는 의도가 있다고 할 수 있다.

개인정보이동권에 기반해서 개인정보를 정보주체가 자유롭게 옮길 수 있으면, 개인은 여러 가지 편의 서비스를 받기 위해 자신의 정보를 새로운 개인정보처리자에게 손쉽게 제공할 수 있게 된다. 정보이동과 활용에 대한 의사표시만 하면, 그 이후는 신경 쓰지 않아도 관련 정보가 기존 개인정보처리자로부터 새로운 개인정보처리자로 옮겨지게 되고, 그 결과 새 처리자의 서비스를 받을 수 있게 된다. 새 처리자의 서비스는 간단하게는 여러 곳에 흩어져 있는 거래 이력 등의 정보를 일괄 조회하는 것에서부터, 빅데이터 분석을 통해 개인화된 맞춤 서비스를 받는 것까지 다양한 형태가 될 수 있다. 이렇게 개인에게 동의를 쉽게 할 수 있는 편의와 새로운 가치가 더해진 서비스를 누릴 수 있게 하여, 자발적으로 개인정보를 내어놓도록 유도하는 것이 개인정보이동권이 데이터의 활용을 촉진하는 방식이다.

개인의 데이터 주권 확립을 위한
사회운동이 활발해지고 있다

정보이동권과 마이데이터는 개인정보 활용을 쉽게 하기 위한 수단으로 시작되었지만, 한편으로는 정보의 쉬운 이동과 활용을 통해 전 세계적인 디지털 사회를 실현하고자 하는 사회 운동의 성격도 지니게 되었다. 2016년 유럽의 여러 나라들을 중심으로 헬싱키에서 마이데이터 컨퍼런스를 개최한 이래, 참여자들은 비영리기관인 마이데이터 글로벌MyData Global을 조직하여, 매년 컨퍼런스를 개최하고 관련된 자료들을 펴내는 등의 활동을 지속하고 있다. 실제로 해외에서 '마이데이터'라는 용어는 사용자와 사용 맥락에 따라 개인정보를 쉽게 옮기고 활용하는 모델을 의미하기도 하고 이를 활용·장려하려는 사회 운동을 의미하기도 한다[1].

사회운동으로서의 마이데이터의 사상은 2017년 European PIMSPersonal Information Management Services community에서 펴낸 마이데이터 원칙 선언Declaration of MyData Principles[2]에 잘 나타나 있다. 마이데이터 원칙 선언은 많은 양의 개인정보를 보유·처리하고 있는 조직(기업, 공공기관 등)

중심으로 운영되고 있는 데이터 생태계를 개인 중심으로 바꾸기 위해 필요한 것으로 다음의 세 가지 변화shift를 주장하고 있다.

❶ 형식적인 권리에서 실행가능한 권리로From formal to actionable rights
❷ 데이터 보호에서 데이터 주도권 행사로From data protection to data em-powerment
❸ 폐쇄형 생태계에서 개방형 생태계로From closed to open ecosystems

이와 더불어 마이데이터 원칙 선언은 마이데이터 생태계를 이루는 주체들의 역할로 정보주체, 정보제공, 마이데이터 서비스, 오퍼레이터, 생태계 거버넌스의 다섯 가지를 제시하고 있으며, 또한 다음의 여섯 가지 원칙을 제시하고 있다.

❶ 개인정보의 인간 중심 제어human-centric control of personal data
❷ 개인을 개인정보 통합의 중심으로individual as the point of integration
❸ 개인이 주도적으로 권한 행사individual empowerment
❹ 열람권과 재사용을 위한 이식성portability: access and re-use
❺ 투명성과 책임성transparency and accountability
❻ 상호운용성interoperability

앞에서 말한 마이데이터 글로벌도 마이데이터 원칙 선언을 바탕으로 활동을 전개하고 있으며, 유럽의 각국 정부 기관들도 마이데이터 운동을 직간접으로 후원하고 있다. 마이데이터 글로벌에는 전 세계 40여 개국에서 수천 명에 이르는 단체·개인 멤버들이 참여하고 있어 앞으로도 마이데이터 운동의 구심점이 될 것으로 생각된다.

2 장

마이데이터는
어떤 데이터인가?

　마이데이터가 어떤 데이터인가를 정의하는 것은 마이데이터 전반에 대한 올바른 이해를 갖는 데 필수적이다. 마이데이터는 개인이 접근하고 통제할 수 있는 자원으로서의 개인데이터를 의미한다.

　마이데이터는 개인정보와 깊은 관련이 있으나 두 용어가 동일한 것은 아니다. 마이데이터를 정의하기 위해서 먼저 '개인정보'는 무엇이고, '개인정보에 대한 개인의 통제(권리)'가 무엇인지를 이해하여야 한다. 또 '개인정보' 중에서 어떤 조건을 충족시키는 것이 '마이데이터'인가를 정의하여야 한다. '개인정보'와 '마이데이터'를 '개인에 대한 정보About', '개인이 권리를 갖는 정보Of', 그리고 '개인이 처리과정에 참여한 정보By', 그리고 '디지털 데이터로서의 개인정보As' 측면으로 나누어 정의해 볼 수 있다.

마이데이터는 개인에 대한
정보이다About

개인정보는 '개인에 대한 정보'이다About. 「개인정보 보호법」에서는 개인정보의 정의를 "살아 있는 개인에 관한 정보로서 성명, 주민등록번호 및 영상 등을 통하여 개인를 알아볼 수 있는 정보", "해당 정보만으로는 특정 개인를 알아볼 수 없더라도 다른 정보와 쉽게 결합하여 알아볼 수 있는 것을 포함함"이라 정의하여 가명정보를 개인정보에 포함하고 있다. '살아 있는 개인에 관한 정보'로 대상 범위를 국한함으로써 자연인이 아닌 법인이나 개인사업자에 대한 정보, 사망한 사람에 대한 정보는 개인정보에서 제외하고 있다.(「개인정보 보호법」 제2조 제1호)

정보보호 관점에 중점을 두는 '개인정보'와 구분하여 좀 더 넓은 의미인 '개인데이터Personal Data'를 생각해 볼 수 있다. '개인데이터'는 개인에 관한 속성 데이터뿐 아니라, 개인이 직접 혹은 개인의 활동으로 생산된 데이터Individually provided data, 개인이 포함된 기록데이터Observed data, 개인 데이터를 분석하여 생성된 데이터Inferred data도 포함될 수 있다[1]. '개인정

개인정보 예

유형구분	개인정보 항목
일반정보	이름, 주민등록번호, 운전면허번호, 주소, 전화번호, 생년월일, 출생지, 본적지, 성별, 국적
가족정보	가족구성원들의 이름, 출생지, 생년월일, 주민등록번호, 직업, 전화번호
교육 및 훈련정보	학교출석사항, 최종학력, 학교성적, 기술 자격증 및 전문 면허증, 이수한 훈련 프로그램, 동아리활동, 상벌사항
병역정보	군번 및 계급, 제대유형, 주특기, 근무부대
부동산정보	소유주택, 토지, 자동차, 기타소유차량, 상점 및 건물 등
소득정보	현재 봉급액, 봉급경력, 보너스 및 수수료, 기타소득의 원천, 이자소득, 사업소득
기타 수익정보	보험(건강, 생명 등) 가입현황, 회사의 판공비, 투자프로그램, 퇴직프로그램, 휴가, 병가
신용정보	대부잔액 및 지불상황, 저당, 신용카드, 지불연기 및 미납의 수, 임금압류 통보에 대한 기록
고용정보	현재의 고용주, 회사주소, 상급자의 이름, 직무수행평가기록, 훈련기록, 출석기록, 상벌기록, 성격 테스트 결과 직무태도
법적정보	전과기록, 자동차 교통 위반기록, 파산 및 담보기록, 구속기록, 이혼기록, 납세기록
의료정보	가족병력기록, 과거의 의료기록, 정신질환기록, 신체장애, 혈액형, IQ, 약물 테스트 등 각종 신체 테스트 정보
조직정보	노조가입, 종교단체가입, 정당가입, 클럽회원
통신정보	전자우편(E-mail), 전화통화내용, 로그파일(Log file), 쿠키(Cookies)
위치정보	GPS나 휴대폰에 의한 개인의 위치정보
신체정보	지문, 홍채, DNA, 신장, 가슴둘레 등
습관 및 취미정보	흡연, 음주량, 선호하는 스포츠 및 오락, 여가활동, 비디오 대여기록, 도박성향

출처: 개인정보분쟁조정위원회 홈페이지 www.kopico.go.kr/intro/personInfoIntro.do

보'와 '개인데이터'를 엄격히 구분하여 사용하는 경우도 있으나, 마이데이

터 관련 국내 법률에서 개인정보라는 용어를 주로 사용하고 있기 때문에
본 책에서는 '개인정보'라는 용어를 사용하되 '개인데이터'를 포함하는 넓
은 의미로 사용하였다.

개인데이터 Personal Data

구분	설명	예시
개인 속성 데이터 Personal Attribute Data	개인을 설명할 수 있는 데이터로 가장 일반적인 개인데이터 범위	이름, 생년월일, 성별, 주소, 학력, 직업 등
자발적 데이터 Volunteered Data, Individually provided Data	개인에 의해 생성되고 개인의 의지로 공유한 데이터	핸드폰번호, 사진, 이메일, 온라인 거래내역, 블로그 컨텐츠, SNS 컨텐츠, 가입 및 등록신청서 등
관찰된 데이터 Observed Data	개인의 활동이 기록되어 수집된 데이터	인터넷 접속 내역, CCTV, 위치데이터 등
추론된 데이터 Inferred Data	속성, 자발적, 관찰된 데이터 등을 분석하여 도출한 데이터	개인신용평가점수, 구매패턴분석, 맞춤형 정보제공을 위한 프로파일링 등

출처: 데이터산업진흥원, 마이데이터 서비스 안내서, 2019.[2]

「개인정보 보호법」에서 정한 개인정보의 범위에는 '가명정보'가 포함된
다는 점을 주목해 볼 필요가 있다. 일반적인 '개인정보'는 특정 개인에 관한
정보임으로 개인을 식별할 수 있는 정보이다. 개인의 프라이버시와 권리를
보호하기 위하여 '개인정보'를 활용하기 위해서는 반드시 사전에 개인으로
부터 구체적인 동의를 받는 것이 필요하다. '가명정보'는 추가정보의 사용
없이는 특정 개인을 알아볼 수 없게 처리한 정보이다. '익명정보'는 더 이상
개인을 알아볼 수 없게 복원 불가능할 정도로 처리한 정보이다.[3] '익명정보'

는 개인정보가 아니기 때문에 제한 없이 자유롭게 활용 가능하다. 정리하면 가명정보는 개인정보에 포함되고, 익명정보는 개인정보에 포함되지 않는다. 그리고 개인정보를 활용하기 위해서는 개인의 동의가 필수적이다.

개인정보 중 마이데이터의 범위

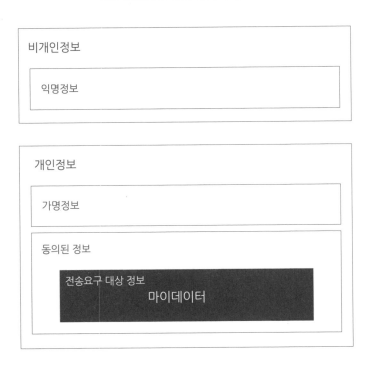

개인에 대한 정보라고 모두가 '마이데이터'는 아니다. 개인정보가 아닌 '익명정보'는 당연히 마이데이터에서 제외되며, 개인정보 중에서 가명정보도 그 자체로만으로 누구에 대한 것인지 특정할 수 없기 때문에 마이데이터가 아니다.

마이데이터는 개인이 권리를
갖는 정보이다^{Of}

'개인정보'는 '개인이 권리를 갖는 정보'이다^{Of}. 우리 각자는 자신에 대한 정보 즉 개인정보에 대한 자기결정권Self-Determination Right을 갖고 있다. 개인정보 자기결정권은 자신에 관한 정보가 언제 누구에게 어느 범위까지 알려지고 또 이용되도록 할 것인지를 정보주체인 내가 스스로 결정할 수 있는 권리이다.[4]

개인이 '개인정보에 대한 자기결정권'을 갖는다는 것은 개인이 '개인정보에 대한 소유권'을 갖는 것을 의미하지는 않는다. 개인정보에 대한 개인의 데이터 소유권Data ownership이라는 용어가 많이 사용되기는 하나 이 용어가 반드시 법률적 의미의 소유권을 의미하지는 않는다. 개인의 개인정보에 대한 배타적 소유권을 주장하기 보다는 개인은 개인정보를 공유Sharing하고 통제Control하는 권리를 갖는 것으로 보는 것이 합리적이다.

마이데이터MyData 용어가 영어 소유격인 'My'를 포함하고 있기 때문에 "마이데이터는 나의 것이다MyData is mine"라는 피상적인 인식을 갖을 수도 있다. 마이데이터는 데이터의 소유권보다는 데이터의 통제라는 점에 더 중점을 둔다. 소유권에 대한 배타적 권리로서 개인들이 데이터를 소유해야 한다고 공공연히 주장하는 것은 데이터 활용을 어렵게 한다. 대부분의 경우 개인과 조직을 포함한 여러 당사자들은 동일한 데이터 세트에 대해 정당한 이해관계를 가지고 있다. 예를 들어, 소매점은 고객 카드를 통해 수집된 고객 데이터를 활용할 수 있는 권리가 있고, 카드 소유자인 개인 또한 같은 데이터에 대한 권리를 가지고 있다.

마이데이터 글로벌MyData Global은 개인정보에 대한 권리와 통제 수준은 다양할 수 있음을 전제하며 다음과 같은 개인정보에 대한 권리를 제시한다.[5]

- 나에 관한 어떤 정보가 있는지를 알 권리Right to know what personal information exists
- 나에 관한 정보를 실제로 열람할 권리Right to see the actual content of personal information
- 잘못된 나의 정보를 수정할 수 있는 권리Right to rectify false personal information
- 나의 정보를 누가 그리고 왜 접근하고 처리하였는지를 살펴볼 권리 Right to audit who accesses and processes personal information and why
- 나의 정보를 획득하고 자유롭게 이용할 권리Right to obtain personal information and use it freely
- 나의 정보를 제3자에게 공유 또는 판매할 권리Right to share or sell per-

sonal information to third parties

- 나의 정보를 제거 또는 삭제할 권리Right to remove or delete personal information

우리나라 「개인정보 보호법」(제4조 정보주체의 권리)에서는 정보주체가 가지는 권리를 다음과 같이 규정하고 있다.

- 개인정보의 처리에 관한 정보를 제공받을 권리
- 개인정보의 처리에 관한 동의 여부, 동의 범위 등을 선택하고 결정할 권리
- 개인정보의 처리 여부를 확인하고 개인정보에 대하여 열람(사본의 발급을 포함한다. 이하 같다)을 요구할 권리
- 개인정보의 처리 정지, 정정·삭제 및 파기를 요구할 권리
- 개인정보의 처리로 인하여 발생한 피해를 신속하고 공정한 절차에 따라 구제받을 권리

현재 시행중인 「개인정보 보호법」은 정보주체의 정보를 제공받을 권리, 동의권, 열람권, 처리제한권, 정정·삭제요구권, 구제권 등을 규정하고 있으나, '정보이동권' 또는 '전송요구권'을 따로 규정하고 있지는 않다.

개인정보 열람권은 개인정보의 당사자인 정보주체가 자신의 개인정보를 수집한 개인정보처리자를 대상으로 개인정보 수집내역, 제3자 제공내역 등에 대해 열람을 요구할 수 있는 권리이다. 이를 통해 개인정보 유출 및 오남용으로 인한 명의도용, 사생활침해 등의 피해를 최소화하고, 정보

주체의 개인정보 자기결정권을 강화할 수 있다. 'e프라이버시 클린서비스'(www.eprivacy.go.kr), '계좌정보 통합관리서비스'(payinfo.or.kr)와 같은 포털은 개인정보처리 기관에 분산된 개인정보를 통합하여 열람할 수 있는 서비스를 제공함으로써 개인정보 열람권을 보장하고 있다.

'개인정보 처리에 대한 동의권'은 개인정보처리자의 개인정보 수집, 이용 및 제3자 제공에 대하여 정보주체가 동의하거나 동의하지 않을 정보주체의 권리이다. 정보주체의 동의 없이는 개인정보를 수집하거나 이용할 수 없다는 원칙을 구현한 동의 제도는 현재 개인정보 보호 법제에서 핵심적인 위치를 차지하고 있다. 개인정보처리자는 동의를 받아 개인정보를 수집·이용할 때에는 i) 동의의 내용, ii) 동의를 거부할 권리가 있다는 사실, iii) 동의 거부에 따른 불이익이 있는 경우 그 내용을 구체적으로 알리는 등 정보주체의 동의권을 실질적으로 보장하여야 한다.

또한 제3자 제공 동의를 받는 경우에는 개인정보를 제공받는 자, 제공받는 자의 이용 목적, 제공하는 개인정보 항목 등 중요한 사항을 명확히 표시하여야 한다. 개인정보처리자는 앞서 설명한 양립 가능성에 준거하여 당초 개인정보를 수집했던 목적과 상당한 관련성, 수집한 정황과 처리 관행에 비춘 예측 가능성 등의 요건을 갖춘 경우 수집한 개인정보를 정보주체의 동의 없이 추가로 이용·제공할 수 있다.

개인이 개인정보를 자유롭게 이용하고, 제3자에게 효율적으로 공유하기 위해서는 정보이동권Right to Data Portability이 주어져야 한다. 정보주체의 권리인 정보이동권은 EU GDPR에서 도입한 개념이다. GDPR에서 정보이동권을 도입한 목적은 정보주체의 개인정보 자기결정권을 강화하고, 개인정보처리자와 정보주체 사이 관계의 균형을 보장할 뿐만 아니라, 이를 통하여 온라인 서비스 제공자 사이의 경쟁을 강화하기 위한 것으로, 정보주체가 자신의 정보가 특정 사업자에게 락인Lock-in되는 것을 피해 경쟁 관계에 있는 다른 서비스 제공자에게 정보를 이전할 수 있도록 하는 경쟁 개선 및 촉진 측면을 고려한 개념이다.[5] 이는 우리나라에서 시행되고 있는 이동전화 번호이동성 제도Mobile number portability; MNP와 유사한 개념이다. 데이터 이동권이 없다면 이용자가 다른 회사로 이동을 원할 때 이를 자발적으로 지원해 주는 사업자는 많지 않을 것이다.

개인정보의 제3자 제공이란 개인정보의 저장매체 또는 개인정보가 담긴 출력물이나 책자 등의 물리적 이전, 네트워크를 통한 개인정보의 전송, 개인정보에 대한 제3자의 접근권한 부여, 개인정보처리자와 제3자의 개인정보공유 등 개인정보의 이전과 공동으로 이용할 수 있는 상태를 초래하는 모든 행위를 말한다. 개인정보를 제3자에게 제공하는 것과 관련하여 '정보이동권', 또는 '전송요구권' 규정이 없다면, 정보주체의 열람권에 기초하여 개인정보처리자에게 제3자에게로 정보전송을 요구하거나 개인정보처리자가 이를 수락해야 할 의무가 있다고 하기는 어렵다.[6]

개인정보를 처리하기 위해서는 반드시 사전에 개인으로부터 구체적인 동의를 받는 것이 필요하다. 「개인정보 보호법」〈제17조 개인정보의 제공〉에서는 정보주체의 동의를 받은 경우나 법률에 따라 개인정보를 수집한 목적 범위에서 개인정보를 제공하는 경우에는 정보주체의 개인정보를 제3자에게 제공(공유를 포함한다. 이하 같다)할 수 있다고 규정하고 있다. 제휴관계나 전략적 관계를 갖는 기업끼리 제3자 정보제공 동의를 기반으로 개인정보를 유통하는 방법은 정보주체의 '전송요구권' 없이 개인정보를 공유하는 대안적 방법일 수 있다. 개인정보에 대한 '제공동의'와 '전송요구'는 유사해 보이지만 정보주체인 개인의 지위가 수동적 지위를 갖느냐, 능동적 지위를 갖느냐의 차이가 있다. '전송요구'는 개인정보를 옮기거나 유통하려는 의지를 갖는 주체가 개인정보처리자가 아니라 정보주체 개인이라는 점이 차이가 있다.[7]

제공동의와 전송요구와의 차이

	제공동의	전송요구
정보주체의 지위	수동적 지위	능동적 지위
정보 이전의 의지를 가지는 자	사업자 (신용정보회사 등)	정보주체
정보주체가 결정하는 사항	동의 or 부동의	• 신용정보제공 이용자 등으로서 전송요구를 받는 자 • 전송을 요구하는 개인신용정보 • 전송요구에 따라 개인신용정보를 제공받는 자 • 정기적인 전송을 요구하는지 여부 및 요구하는 경우 그 주기 • 전송요구의 종료시점 • 전송을 요구하는 목적 • 전송을 요구하는 개인신용정보의 보유기간

출처: 금융분야 마이데이터서비스 가이드라인, 2021

2020년 개정된 「신용정보법」에서 개인신용정보에 대한 전송요구권이 도입됨으로써 금융분야 개인신용정보에 대해서는 데이터 이동권을 명시적으로 갖게 되었다. 개인정보에 대한 개인의 권리를 증진하고, 개인정보의 활용을 촉진하기 위해서 현재 2차 개정중인 「개인정보 보호법」에 개인정보 전송요구권(제35조의2) 조항이 포함된 것은 매우 환영할 일이다. 개인정보 전송요구권을 통해 개인정보가 언제, 누구에게, 어느 범위까지 이용·제공되도록 할 것인지 스스로 결정할 수 있도록 해 개인정보주체의 통제권을 강화할 수 있을 것이다.

마이데이터는 개인정보 중에서 '정보주체의 전송요구권의 대상이 되는 개인정보'라고 정의할 수 있다. 법률로서 개인이 전송요구권을 갖는 경우, 정보제공자에게는 전송의무가 부여된다. 정보제공자로부터 제공된 개인정보를 받아서 이용하는 서비스제공자도 정보주체로부터 개인정보 수집 및 이용 동의를 받아야 한다. 금융분야 마이데이터의 기반이 된「신용정보법」은 신용정보주체로부터 전송요구를 받은 신용정보제공자에게 개인

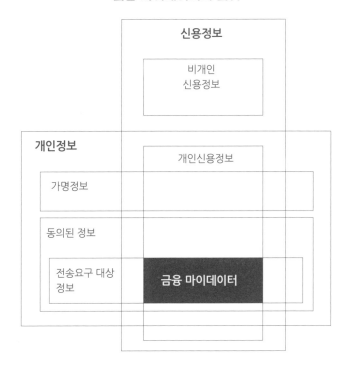

금융 마이데이터의 범위

신용정보의 전송의무를 부여하고 있다. 정보주체의 전송요구권을 기반으로 하는 금융 마이데이터는 정보열람권을 이용하여 데이터를 스크래핑하는 방법 등으로 개인정보를 수집하거나, 제3자 제공 동의를 기반으로 제휴 기업간 정보를 공유하는 기존 방법과 차이점을 갖고 있다.

마이데이터는 개인이 처리과정에 참여한 개인정보이다By

'마이데이터'는 '개인이 생성 등 처리과정에 참여한 개인정보'이다By. 개인정보의 대부분은 개인과 사업자 간의 접촉이나 거래과정에서 발생하고, 그 데이터는 사업자들에 의해 저장 관리된다. 개인정보는 사업자들이 개인으로부터 수집하거나, 개인이 사업자들에게 제공하는 등의 개인과 사업자간의 거래관계에서 생성된다. 즉 개인은 개인정보의 생성과정에 참여한다. 정보의 생성과정에 참여하는 일원으로서 개인정보를 공유Sharing하고 통제Control하는 권리를 갖는 것은 당연하다. 환자 생성 의료 데이터Patient-generated health data처럼 개인이 스스로 생성하는 데이터도 개인이 권리를 갖는 마이데이터의 한 유형이다.

개인에 대한 정보이기는 하나 개인이 생성이나 가공과정에 참여하지 않고, 사업자에 의해 수행된 개인정보는 개인이 전송요구권을 행사하기 어렵다. 금융 마이데이터에서 개인이 전송을 요구할 수 있는 개인신용정보는 ① 고객으로부터 직접 수집한 정보, ② 고객이 제공한 정보, ③ 권리·의무 관계에서 발생한 정보이다. 정보제공자가 별도 생성하거나 가공한 신용정보는 금융 마이데이터의 전송요구 대상에서 제외된다.(「신용정보법」 제33조의2(개인신용정보의 전송요구))

개인이 처리과정에 참여하지 않기 때문에 개인이 전송요구권을 갖지 못하는 개인정보에 대해서도 개인은 처리에 관한 정보를 제공받을 권리, 열람을 요구할 권리, 처리 정지, 정정·삭제 및 파기를 요구할 권리, 개인정보의 처리로 인하여 발생한 피해를 신속하고 공정한 절차에 따라 구제받을 권리 등을 갖고 있다. 「신용정보법」은 개인의 '자동화된 의사결정과 프로파일링'에 대항할 권리를 담고 있다. '프로파일링'이라 함은 금융회사가 정보주체의 신용 등을 평가하기 위해 기초자료를 수집하여 자동화 평가를 하는 행위를 말한다. 고객등급이나 신용등급 등 정보제공자가 별도 생성한 개인정보인 프로파일링 결과는 '개인에 대한 정보'이기는 하나 '개인이 처리과정에 참여하지 않는 정보'여서 정보주체가 '전송요구권'을 행사할 수 없다. 하지만 이경우에도 개인은 '프로파일링 대항권'은 갖는다. 현재 2차 개정 입법 중인 「개인정보 보호법」은 '자동화 의사결정에 대한 배제등의 권리'(안 제37조의2) 조항을 통해 인공지능 등 신기술의 확대 적용에 따라 자동화된 개인정보 처리에만 의존하여 특정 정보주체에게 개별적으로 법적 효력 또는 생명·신체·정신·재산에 중대한 영향을 미치는 의사결정을 행한 개인정보처리자에 대하여 정보주체가 거부, 이의 제기, 설명 등을 요구할 수 있는 권리가 신설 추가될 예정이다.(제4조 6항)

마이데이터는 디지털 데이터로서의
개인정보이다 As

'마이데이터'는 '디지털 데이터로서의 개인정보'이다As. '디지털 데이터'라는 의미는 정보의 저장 및 전송형식이 컴퓨터 등 정보처리장치로 처리 가능하고 통상적으로 이용되는 구조화된 형식이라는 것이다. '데이터 경제'에서 데이터 활용을 통한 가치창출은 정보가 '디지털' 형태로 존재할 때만 가능하다. 개인정보가 종이문서 형태로만 존재하여서 정보통신기술을 사용할 수 없다면, 개인정보의 양이 아무리 많더라도 정보의 활용은 지극히 제한적일 것이다. 만일 정보주체가 개인정보제공자에게 개인정보의 열람이나 전송을 요구할 때 종이문서로만 개인정보를 제공한다면 이를 마이데이터라고 부를 수 없다.

「신용정보법」에서는 전송요구할 수 있는 개인신용정보의 범위와 전송방식(제33조의2)에 대하여 각각 "컴퓨터 등 정보처리장치로 처리된 신용정보일 것"과 "컴퓨터 등 정보처리장치로 처리가 가능한 형태로 전송하여야 한다."라고 규정하고 있다. 또한 현재 개정 입법 중인 「개인정보 보호법」(제35조의2)에서도 개인정보의 전송 요구 범위와 전송방식을 "개인정보가 컴퓨터 등 정보처리장치에 의하여 자동화된 방법으로 처리되는 경우"와 "시간, 비용, 기술적으로 허용되는 합리적 범위 내에서 컴퓨터 등 정보처리장치로 처리 가능하고 통상적으로 이용되는 구조화된 형식으로 전송하여야 한다."라고 규정하고 있다.

'개인정보'와 '마이데이터'를 '개인에 대한 정보About', '개인이 권리를 갖는 정보Of', 그리고 '개인이 처리과정에 참여한 정보By', 그리고 '디지털 데이터로서의 개인정보As' 측면에서 검토해 보았다. 마이데이터MyData는 "개인이 공유하고 통제하는 권리를 갖는 개인정보"라고 할 수 있다.

좁은 의미의 마이데이터는 "정보주체 개인에 대한 정보이며, 정보의 처리과정에 개인이 참여한 정보이며, 디지털 데이터로서, 개인정보의 전송 요구권이 행사되어 데이터 활용 서비스에서 이용되는 개인정보"라고 정의해 볼 수 있다. 넓은 의미의 마이데이터는 "정보주체의 개인정보 자기 결정권에 기초하여 정보제공 역할 조직으로부터 마이데이터 서비스 조직으로 이동되어 활용되는 개인정보"로 정의해 볼 수 있다.

3 | 장

마이데이터는
어떻게 작동하는가?

마이데이터 원칙 선언문[1]은 인간 중심의 개인데이터 모델을 실현하는데 필요한 변화들을 주장하고 있다. 개인정보에 대한 사용자의 권한이 실제적이며 용이하게 행사될 수 있어야 하며, 데이터 이동 및 활용과정에 사용자가 더욱 더 권한을 갖고 통제할 수 있어야 한다. 또 개방형 생태계를 지향해야 한다. 6가지 원칙 즉 개인정보의 인간 중심 제어, 개인을 개인정보 통합의 중심으로, 개인이 주도적으로 권한 행사, 열람권과 재사용을 위한 이식성, 투명성과 책임성, 그리고 상호운용성 원칙을 주장한다. 마이데이터 선언문과 6가지 원칙에 부합하도록 마이데이터 이동이 작동해야 한다.

마이데이터 생태계에는 정보주체, 정보제공, 마이데이터 서비스, 오퍼레이터, 그리고 생태계 거버넌스 5개의 주 역할Role이 있다. 인간 중심의 개인 데이터 생태계는 하나 이상의 역할들을 갖는 참여자Actor로 구성된다. 역할은 참여자와 다르다. 한 개인이나 조직인 참여자는 동시에 두 개 이상의 역할을 할 수도 있다.[2]

마이데이터 주 역할

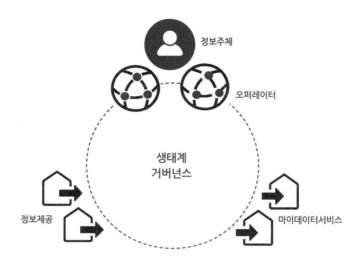

'정보주체' 역할은 개인정보의 주체가 되는 사람의 역할이다. 마이데이터 계정을 생성하고 이용하는 사람으로서, 새로운 서비스에 연결하고 동의 기반 하에 데이터 흐름을 승인한다. 또한 정보제공 조직, 마이데이터 서비스, 오퍼레이터 등과 관계를 갖는다.

'정보제공'은 개인, 오퍼레이터 및 활용서비스 역할이 접근하고 사용하고 싶어 하는 개인정보의 수집, 저장 및 제어를 담당하는 역할이다. 관리하고 있는 개인 데이터를 '정보주체', '오퍼레이터' '마이데이터 서비스'에게 공급한다.

'마이데이터 서비스'는 하나 이상의 정보제공 조직으로부터 공급받은 개인정보를 활용하여 정보주체에게 서비스를 제공하는 역할이다.

'오퍼레이터'는 마이데이터 계정 및 관련 서비스를 제공하는 역할이다.

마이데이터 계정은 디지털 동의를 가능하게 하기 위해 중요하다. 오퍼레이터는 인간 중심의 개인 데이터 교환 시스템에서 인프라 운영 및 도구 제공을 담당한다. 오퍼레이터는 사람들이 자신에 대한 개인 데이터를 안전하게 액세스, 관리 및 사용할 수 있도록 지원할 뿐만 아니라 정보제공 조직과 마이데이터 서비스 사이의 개인 데이터 흐름을 제어할 수 있다. '오퍼레이터'의 역할은 '데이터 공유 서비스 공급자data sharing service provider'나 '데이터 중간자data intermediary'와 유사하다.

'생태계 거버넌스'는 생태계에 대한 거버넌스 프레임워크를 관리, 개발 및 실행하는 역할이다.

마이데이터 생태계

정보주체

오퍼레이터

본인확인
기관

마이데이터
포털

생태계
거버넌스

마이데이터서비스

정보제공

중계기관

마이데이터 아키텍처에는 정보주체, 정보제공, 마이데이터 서비스, 오퍼레이터, 생태계 거버넌스와 같은 주 역할 이외에 마이데이터 포털, 중계기관, 본인확인기관 등의 보조 역할도 있다. 정보주체는 다수의 정보제공 조직과 마이데이터 서비스에 개별적으로 접근하여 개인의 마이데이터 현황과 이력을 조회하는 대신에 마이데이터 포털을 이용하여 일괄 조회가 가능하다. 중계기관은 정보제공 조직과 마이데이터 서비스 또는 오퍼레이터 간의 데이터 이동을 중계하는 역할을 담당한다. 본인확인기관은 정보주체의 인증시 본인확인 역할을 수행한다. 마이데이터 포털, 중계기관, 본인확인기관 등의 보조 역할은 개별 조직이 수행할 수도 있으나, 산업별 협회나 국가기관이 담당하는 것이 안전하고 효율적일 수 있다.

마이데이터 모델이 작동하려면 정보주체의 권리행사와 이에 기반한 실제적인 데이터 이동이 필요하다. 마이데이터 원칙을 지키는 데이터 이동은 특히 산업 간 데이터 전송에 매우 효과적이다.

데이터 이동이 개인의 어떤 권리에 기반하는지와 누가 오퍼레이터 역할을 주로 담당하는지에 기초하여 마이데이터가 어떻게 작동하는가를 다음 유형별로 나누어 살펴보겠다.

- 제3자 정보제공 동의 기반 데이터 이동 [유형 I]
- 열람권 대리 기반 데이터 이동 [유형 II]
- 다운로드권 기반 데이터 이동 [유형 III]
- 전송요구권 기반 데이터 이동 [유형 IV]
- 마이데이터 플랫폼 기반 데이터 이동 [유형 V]
- 자기주권 신원관리SSI 기반 데이터 이동 [유형 VI]

제3자 정보제공 동의 기반
데이터 이동 [유형 I]

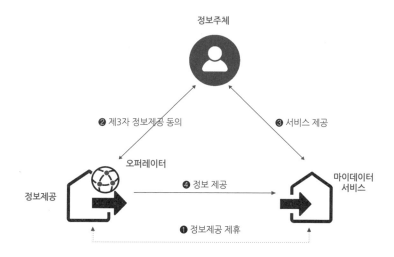

제3자 정보제공 동의 기반 데이터 이동

조직주도의 데이터 이동방식인 '제3자 정보제공 동의 기반 데이터 이동' 방식에서는 정보제공 조직이 폐쇄형 생태계 내에서 오퍼레이터의 역할을 수행한다. 정보제공 조직이 업무제휴 협약이 되어 있는 마이데이터 서비스에게 개인정보를 제공하기 위하여 수행되는 방식이다. 정보제공 조직이 정보주체로부터 정보제공에 대한 동의를 얻은 후, 마이데이터 서비스에게 개인정보를 제공하는 데이터 이동방식에서는 개인이 서비스 제공자를 선택하거나, 제공하는 정보를 충분히 통제할 수 없다. 개인은 정보제공 조직의 결정에 대해 동의와 동의하지 않음 중에서 양자택일만 해야 한다.

2
열람권 대리 기반 데이터 이동 [유형 Ⅲ]

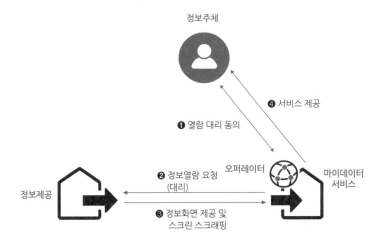

열람권 대리 기반 데이터 이동

정보주체

❹ 서비스 제공

❶ 열람 대리 동의

오퍼레이터

❷ 정보열람 요청
(대리)

정보제공

마이데이터
서비스

❸ 정보화면 제공 및
스크린 스크래핑

'열람권 대리 기반 데이터 이동' 방식에서는 마이데이터 서비스가 오퍼레이터의 역할을 담당한다. 정보제공 기관이 인터넷으로 UI를 통한 열람이나 API를 제공하는 경우 마이데이터 서비스가 정보주체를 대리하여 열람을 요청하고 정보를 제공받는 방식이다. 정보주체가 마이데이터 서비스에게 정보열람을 동의하면, 마이데이터 서비스가 정보열람을 대리 요청한다. API를 통해 제공하는 정보를 획득하거나, 웹UI로부터 스크린 스크래핑Scraping을 통해 정보를 추출한다. 스크래핑이란 컴퓨터 프로그램이 다른 프로그램에서 생성된 인간이 읽을 수 있는 출력 결과물로부터 데이터를 추출하는 소프트웨어 기술이다. 마이데이터 서비스가 개인을 대신해서 웹사이트에 있는 정보 중에서 필요한 정보만을 긁어 모으는 것이다. 마이데이터 서비스가 데이터를 끌어오는 방식으로 데이터 이동이 이루어진다.

'열람권 대리 기반 데이터 이동' 방식은 금융분야 핀테크업체들이 마이데이터업이 허가제(개인신용정보관리업)로 바뀌기 이전부터 활용한 방식이다. 이제는 「신용정보법」의 개정에 따라 허가 받은 금융 마이데이터 사업자만이 스크래핑 방식이 아닌 API방식을 통해 개인정보를 수집할 수 있다. '열람권 대리 기반 데이터 이동' 방식은 정보제공 조직이 법률에 의해 데이터 전송 의무를 갖지 않고, 조직이 자발적으로 데이터 제공 API를 공개하지 않는 경우에 계속적으로 유효한 데이터 이동 방식이다.

3

다운로드권 기반 데이터 이동 [유형 Ⅲ]

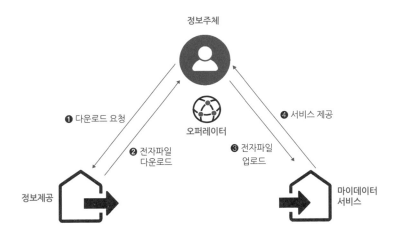

다운로드권 기반 데이터 이동

'다운로드권 기반 데이터 이동' 방식에서는 정보주체가 직접 오퍼레이터의 역할을 담당한다. 개인이 정보제공 조직에게 사본제공을 요청하여, 기계가 판독할 수 있는 전자파일 형태로 다운로드 받는 방식이다. 정보주체는 제공받은 정보를 개인이 원하는 서비스 제공자에게 선택적으로 업로드한다. 전자파일 형태로 개인을 통해 데이터가 이동됨으로 간편성, 효율성이 떨어지고, 정보제공 조직과 마이데이터 서비스 간에 데이터 표준이 달라 업로드시 데이터 변환이 필요하다. 개인의 자기결정권을 극대화할 수 있는 방식이나, 사용하기 쉽고 안전한 마이데이터 운영을 위해서는 이를 지원해 주는 앱이나 개인데이터저장소 서비스Personal Data Storage 같은 도움없이 활성화되기는 어려운 방식이다. 또한 사회전반의 효율을 높이기 위하여 정보제공의 형식과 방법에 대한 표준화가 선행되어야 한다.

'다운로드권 기반 데이터 이동' 방식은 열람권 행사를 통해서 정보제공 조직이 사본을 제공하는 것과 유사하다. 그러나 현재까지의 열람권은 조직에게 기계가 판독할 수 있는 형태로 데이터를 제공하는 것을 의무로 하고 있지 않다. 이 때문에 정보 제공에 소극적인 조직들은 정보주체의 사본 요청에 대하여 주로 인쇄물을 오프라인으로 제공함으로써 마이데이터 이동과 활용을 어렵게 했다.

'다운로드권 기반 데이터 이동' 방식의 예는 웹에서 거래내역 CSV 파일이나 JSON, XML 같은 형태로 다운로드 하는 기능을 제공하는 것이다. 「개인정보 보호법」 개정을 통해 정보주체로의 전송요구권인 '다운로드권'이 명시된다면, 더 많은 부문에서 다운로드를 통한 개인정보 데이터 이동이 활성화될 것이다. '다운로드권 기반 데이터 이동' 방식은 법률로 정보주체에게 권리를 부여하지 않더라도 조직의 자발적인 다운로드 기능 제공으로 활성화될 수도 있다. 10장에서 설명하는 미국의 Blue Button이 그 좋은 예이다.

4

전송요구권 기반 데이터 이동 [유형 IV]

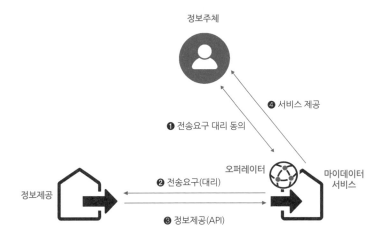

전송요구권 기반 데이터 이동

정보주체

❹ 서비스 제공

❶ 전송요구 대리 동의

오퍼레이터

마이데이터
서비스

정보제공

❷ 전송요구(대리)

❸ 정보제공(API)

'전송요구권 기반 데이터 이동' 방식에서는 마이데이터 서비스가 오퍼
레이터의 역할을 담당한다. 〔유형 II〕 열람권 대리 기반 데이터 이동과 유
사한 방식이나, 열람권이 아니라 전송요구권을 대리하여 정보제공 조직으
로부터 개인정보를 제공받는다. 정보제공 조직은 전송요구를 받을 때, 의

무적으로 표준화된 정보제공의 형식과 방법으로 정보를 제공해야 한다. 현재 금융분야 마이데이터 사업자로 허가된 조직들이 사용하는 방식이다. 추후 「개인정보 보호법」이 개정되어 모든 분야의 개인정보에 대하여 개인에게 '전송요구권'이 부여되고, 그 전송요구에 대해 정보제공 조직이 의무적 또는 자발적으로 정보를 제공한다면 효율적으로 개인정보를 활용할 수 있는 방식이다. 산업별로 API 표준이 결정되어 정보제공 조직과 마이데이터 서비스 간의 정보 이동의 효율성을 제고하여야 한다.

마이데이터 플랫폼 기반 데이터 이동 [유형 V]

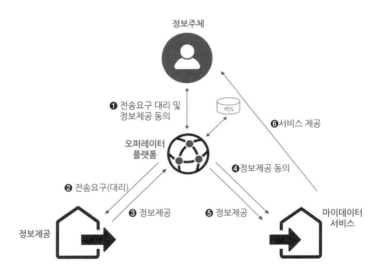

마이데이터 플랫폼 기반 데이터 이동

정보주체

❶ 전송요구 대리 및
정보제공 동의

PDS

❻서비스 제공

오퍼레이터
플랫폼

❹정보제공 동의

❷ 전송요구(대리)

마이데이터
서비스

❸ 정보제공

❺ 정보제공

정보제공

'마이데이터 플랫폼 기반 데이터 이동' 방식에서는 오퍼레이터가 마이데이터 서비스나 정보제공 조직으로부터 독립적으로 역할을 담당한다. 오퍼레이터는 정보주체, 정보제공 조직, 마이데이터 서비스 사이에서 개인정보 이동을 위한 플랫폼 역할을 수행한다. 실제적인 데이터 이동은 마이데이터 플랫폼을 통과하여 이루어질 수도 있고, 정보제공 조직과 마이데이터 서비스 간에 직접 이루어질 수도 있다. 마이데이터 플랫폼은 마이데이터 서비스와 독립적으로 운영되기 때문에 개인의 프라이버시를 보호하고, 안전하면서도 개인의 권리를 잘 보호할 수 있는 방식이다. 개인의 휴대폰 앱을 통해 동의관리를 수행하고, 암호화된 개인데이터저장소PDS를 활용하고, 다수의 정보제공 조직과 마이데이터 서비스에 있는 개인정보를 효율적으로 통제할 수 있는 방법을 제공한다. '마이데이터 플랫폼 기반 데이터 이동' 방식은 전문 오퍼레이터 업체(예 영국의 digi.me, MyDex, 일본의 Information Bank 등)가 제공하는 방식이다. 이들 전문 오퍼레이터는 직접 서비스를 제공하는 데 주력하기보다는 데이터 중개에 주력한다. 마이데이터 운동의 일환인 aNewGovernance aNG (www.anewgovernance.org)는 마이데이터 원칙에 권력분립separation of powers의 추가를 주장한다.[3] 오퍼레이터의 역할은 개인의 권한 강화를 위한 수단만을 제공하여야 하며, 오퍼레이터는 PDS나 부가서비스를 제공하지 않아야 한다는 것이다. PDS를 마이데이터 플랫폼 내에 두지 않는 경우에는 개인의 클라우드 스토리지를 개인별 PDS로 사용할 수도 있다. 마이데이터 운영 플랫폼을 마이데이터 서비스와 분리하면 마이데이터 서비스는 마이데이터 인프라 구축의 부담을 줄이면서도 고객맞춤형 서비스 제공에 보다 집중할 수 있다. 또한 마이데이터 플랫폼을 레버리지하면서 많은 스타트업들이 마이데이터 생태계에 보다 쉽게 진입할 수 있다.

6

자기주권 신원관리^{SSI} 기반 데이터 이동 [유형 VI]

자기주권 신원관리^{SSI} 기반 데이터 이동

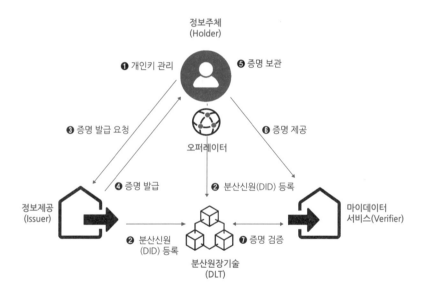

'자기주권 신원관리^{Self-Sovereign Identity, SSI} 기반 데이터 이동' 방식

은 정보주체 스스로 신원증명을 발급하고, 분산원장기술Distributed Ledger Technology, DLT라고 부르는 블록체인 기술을 활용하는 데이터 이동 및 활용에 대한 새로운 접근방법이다('8장 마이데이터 관련 기술'에서 추가 설명). 정보주체는 암호화용 개인키를 전자지갑에 보관한다. 정보주체는 정보제공 조직으로부터 입증가능한 증명Verifiable Credential, VC을 발급받아 전자지갑에 보관하다가 필요한 경우에 마이데이터 서비스 조직에 증명을 제공한다. 마이데이터 서비스 조직은 제공된 증명을 분산원장에 있는 정보를 이용하여 검증한다.

'자기주권 신원관리SSI 기반 데이터 이동' 방식은 정보주체의 개인정보 통제권이 강력한 모델이다. 아직은 관련 기술 표준이 정립되어 가는 과정이고 블록체인 기술 기반으로 안전성은 높으나, 당장은 조직간 개인정보 데이터 이동에 본격적으로 적용되기에는 풀어야 할 현실적 문제들이 남아 있다.

4 | 장

마이데이터는
어떤 기회를 제공하는가?

마이데이터가 개인과 기업 그리고 공공에게 주는 의미는 크다. 개인은 마이데이터를 잘 활용함으로써 더 나은 삶을 영위할 수 있다. 개인의 경제 활동과 라이프스타일에 맞는 자산 관리 방안을 제공해 주고 더 나은 의료 서비스를 받을 수 있게 해 준다. 기업은 마이데이터를 활용하여 고객에게 초개인화 서비스를 제공함으로써 고객가치를 높이고 비즈니스를 성장시킬 수 있다. 더 나아가서는 마이데이터를 활용한 새로운 비즈니스 모델을 구현함으로써 기업의 사업영역을 확장할 수 있다. 개인 삶의 만족과 산업의 활성화 측면에서 마이데이터는 중요한 부분이다. 마이데이터의 활용과 정보 보호의 측면에서 균형을 잡고 공공데이터와 민간의 다양한 산업으로부터의 데이터가 같이 융합될 수 있는 공공과 생태계의 역할이 중요하다.

개인: 자신에 대한 정보를 제대로 알고 자신의 삶에 적극적으로 활용하는 것이다

암호화폐 분석업체 '체이널리시스'는 전체의 20%인 150조 원대의 비트코인이 암호를 찾지 못해 전자지갑 속에 잠겨 있는 것으로 추정하고 있다. 우리의 뇌는 모든 것을 다 기억할 수 없다. 시간이 지나면서 처음 생각과는 다르게 기억이 희미해져가고 급기야 잊어버리기까지 한다. 우리는 개인의 여러 가지 활동들과 금융거래 정보들을 다 기억하는 데 분명 한계를 가지고 있다. 중요한 일은 기록을 하기는 하지만 모든 일들을 기록하기도 힘들고 몇 년의 시간이 지나고 나면 기록해 두었다는 사실 자체도 기억하지 못한다. 이러한 인간의 뇌의 한계를 극복할 수 있는 여러 가지 서비스들도 생기고 있다.

나의 정보들을 통합적으로 제공해 주는 서비스들이 있다. e-privacy 클린서비스www.eprivacy.go.kr[1], 카드포인트 통합조회서비스www.cardpoint. or.kr[2], 휴면계좌통합조회서비스www.sleepmoney.or.kr[3], 통합연금포털100lifeplan.fss.or.kr[4] 등이 대표적인 사례다. 이러한 사이트들이 서비스를 시작한 초기에는 사용량 증가로 시스템이 다운되어 접속이 불가능할 정도로 많은 국민들의 호응을 얻었다. 개인의 정보를 원스톱으로 알 수 있는 서비스에 대한 국민들의 목마름을 알 수 있다. 하지만 여전히 연금, 예금, 카드포인트, 인증기록 등의 분야별로 별도의 접속을 해야만 얻을 수 있는 불편함은 존재한다. 이는 금융에서만의 문제는 아니다.

최근 코로나로 인해 이용이 폭증하고 있는 다양한 온라인 쇼핑몰을 이용하면서, 물건을 주문한 사실을 까맣게 잊고 지내다가 택배가 도착하면 비로소 '아, 내가 물건을 주문했지' 하는 생각이 든다. 누구나 해 보았을 만한 경험이다. 구입한 물건의 반품을 위해 내가 구입한 쇼핑몰을 찾지 못하는 경험 또한 누구나 한 번쯤은 가지고 있을 것이다. 금융정보, 쇼핑정보, 복지정보, 세금정보, 의료정보, 통신정보 등 나에 대한 모든 정보를 나의 생애주기에 맞추어 내가 다 파악할 수 있게 해주는 원스톱 서비스의 필요성을 느끼게 한다.

마이데이터는 내가 데이터의 주체가 된다. '마이My'라는 단어에서 알 수 있듯이 '나' 중심이 되는 것이다. 지금까지 나에 대한 데이터는 주로 회사나 정부에 의해서 수집되고 이용되어 왔다. 이제 이러한 정보에 대한 중심이 개인으로 바뀐다는 것이다.

마이데이터의 개념

learning

mobility

communication & media

energy

web services

public services

retail

self measurement

banking & finance

health

출처: 마이데이터 글로벌, 마이데이터 백서(2014)[5]

우리나라 마이데이터가 금융권 위주로 진행이 되고 있다 보니, 마치 마이데이터는 개인의 금융데이터만을 의미한다는 오해가 생기기도 한다. 각각의 정의가 의미하는 바를 함축적으로 나타낸 것이 〈마이데이터의 개념〉이다. 마이데이터의 출처가 되는 개인을 중심으로 다양한 영역의 데이터들이 수집되고 이를 활용하여 개인에게 맞춤형 서비스를 제공하는 것이 바로 마이데이터의 진정한 의미라고 생각된다. 개인으로 인해 생성되는 데이터는 정보주체인 개인이 허락하면 데이터 이동권을 통해 다른 조직으로의 이동이 자유로워진다. 이를 통해 다양한 형태의 복합적인 맞춤형 서비스가 생성되는 것이다.

2019년 과학기술정보통신부와 한국데이터산업진흥원에서 수행한 마이데이터 현황조사[6]에 의하면 우리 국민의 마이데이터 인지도는 16.7%로 비교적 낮은 수준이다. 하지만 마이데이터의 데이터 이동권과 관련해서는 72.2%가 데이터 이동권의 필요성을 공감하고 있는 것으로 나타났다. 국민들이 마이데이터를 통해 기대하는 변화는 편리한 서비스가 57.8%로 가장 높았고 금전적 혜택 42.5%, 사회적 기여 31.6%, 산업발전 기여 30.8%, 연구기여 19.3% 등의 순으로 나타났다. 국민들은 데이터 이동권을 통해 개인에게 편리한 서비스를 제공해 주는 마이데이터의 방향성에 공감하는 것으로 보인다.

마이데이터를 사용하고 관리하는 기업의 신뢰조건으로는 보안을 74.4%로 일순위로 뽑았으며 개인정보 유출 배상책임을 50.7%, 법제도 준수를 37%, 알기 쉬운 약관을 34%, 맞춤형 서비스의 제공과 같은 서비스 적합성을 21%, 적절한 혜택 제공을 18.9%, 서비스 주체의 공공성 또는 신뢰성을 18.1%, 기업규모를 14.7%, 서비스 평판을 9.8%로 뽑았다.

우리 국민의 과반수 이상은 마이데이터가 국민 개개인에게 더 편리한 서비스를 제공할 것이라고 믿고 있다. 마이데이터의 제대로 된 활용은 개인의 더 나은 삶을 위해 꼭 필요하다. 개인에게 마이데이터가 주는 기회는 전 생애주기에 걸쳐 더 나은 삶과 직결되는 문제이다. 우리 국민 개개인이 마이데이터에 대한 기본적인 지식이 필요한 이유이기도 하다.

기업: 데이터를 활용하지 못하는 기업이 성장하는 시대는 끝났다

데이터를 잘 활용하는 기업

기업은 비즈니스 성장을 추구하기 위해 많은 양의 기업 데이터를 활용하고 있다. 기업들이 보유하고 있는 데이터는 다양하다. 기업이 속해 있는 산업군에 따라 기업 내부적으로 제조, 생산, 유통에 관련된 데이터들이 생성되고 있다. 이러한 데이터를 잘 분석하고 활용하는 것은 기업의 비용절감과 생산성 향상에 큰 영향을 끼친다. 기업 영업의 대상인 고객 데이터는 기업 내부 데이터는 아니지만 고객들의 동의 하에 수집, 저장, 가공, 활용이 가능하다. 이런 고객 데이터는 고객 니즈에 맞는 개인화된 서비스를 제공할 수 있는 기본이 된다.

넷플릭스는 고객 데이터를 잘 활용하는 대표적인 회사이다. 온라인 DVD 대여업에서 출발한 넷플릭스는 고객들의 개인 성향을 잘 분석하여 고객들이 좋아할 만한 컨텐츠를 각 개인에게 추천한다. 화면의 배열이나 배치도 개인의 넷플릭스 이용 로그에 따라 개인화된 화면 구성을 제공한다. 고객들의 선호도 데이터를 잘 분석하여 고객들이 좋아할 만한 컨텐츠를 제작하기도 한다. 이러한 고객데이터를 분석하여 본연의 비즈니스에 활용하는 것은 넷플릭스나 아마존과 같은 디지털 기업에게만 해당되는 것은 아니다.

전통적인 산업에서도 데이터의 활용가치는 점점 높아지고 있다. 많은 B2C기업들은 고객이 사용하는 자사의 웹사이트에서 사용자 행위 기반의 로그를 분석하여 이를 기업 비즈니스에 활용하고 있다. 고객이 어떤 경로를 통해 장바구니에 물건을 담게 되는지, 장바구니에 담긴 물건이 결제로 가지 못한 이유가 무엇인지를 나름대로 분석하여 고객의 결제를 유도할 만한 쿠폰을 제공하기도 한다.

축적된 고객들의 데이터를 적절하게 가공하여 데이터 유통을 통해 매출 증대를 꾀하는 기업들도 늘고 있다. 개인을 식별할 수 있는 데이터는 「개인정보 보호법」에 의해 금지되어 있어 주로 익명 데이터나 개인정보가 아닌 데이터를 통해 데이터 유통 매출을 만들어 가고 있다. 이러한 데이터는 트렌드를 분석하고자 하는 기업과 정부를 포함한 공공기관에게 금전적 대가를 받고 공급되고 있다.

4차산업혁명 시대에 데이터를 원유로 비유하고 있는 것은 데이터 없이는 비즈니스의 성장을 꾀하기 어렵다는 생각에 의한 것이다. 데이터는 산업혁명시대에 원동력이 되고 필수불가결한 요소였던 원유만큼의 가치가 있는 것이다. 그럼 이렇게 중요한 데이터를 기업은 어떻게 확보하고 활용할 수 있을까? 데이터의 종류는 크게 3가지로 나누어 볼 수 있다.

첫째, 제조, 생산, 유통 등의 기업 내부 데이터다. 기업 기밀이 되기는 하겠지만 개인정보와는 거리가 먼 데이터로 비교적 활용이 쉽다.

둘째는 고객데이터와 같은 개인정보 데이터다. 이미 자사고객으로 고객의 동의를 받아 수집되고 있는 고객 데이터는 기업 내에서 목적에 맞게 활용이 가능하다. 하지만 고객들의 영역을 넓혀서 잠재고객들의 데이터를 확보하기 위해서는 고객 동의를 받을 수 있는 마케팅 활동이 필요하다. 「개인정보 보호법」과 같은 법적인 제한으로 확보하기가 제일 어려운 영역이기도 한다.

세번째는 공공 데이터이다. 공공 데이터는 정부에서 제공하는 공공 데이터 포털www.data.go.kr 등을 통해 데이터를 다운로드 받을 수 있다. 데이터 포털에서는 공공행정, 과학기술, 교통물류, 국토관리, 농축수산, 문화관광, 사회복지, 산업고용, 식품건강, 재난안전, 재정금융, 환경기상, 교육, 법률, 보건의료, 통일외교안보 등 16개의 그룹으로 분류하여 데이터를 제공하고 있다. 또 필요한 데이터를 소유하고 있는 정부 기관에게 직접 정보공개 청구를 통해 데이터를 확보할 수도 있다.

이렇게 분류한 세 가지 유형의 데이터는 데이터를 통해 비즈니스 가치를 높이고자 하는 기업들이 꼭 확보해야 할 데이터이다. 물론 기업이 어떤 비즈니스를 영위하는지에 따라 필요한 데이터 영역은 다를 수 있다. 앞에서 이야기 한 데이터 영역 중 마이데이터는 두 번째 영역에 해당된다. 개인정보를 통합 관리하는 부분으로 기업이 추구하는 개인화 서비스를 통해 고객가치를 높이기 위해 가장 필요한 데이터이기도 하다. 지금까지 기업이 데이터 수집을 하기 가장 어려운 영역이었다.

마이데이터로 치열해지는 기업의 경쟁환경

마이데이터 서비스는 그동안 자사 고객 데이터만 한정적으로 이용하던 기업들로 하여금 지금까지 활용할 수 없었던 고객의 다른 종류의 개인정보를 활용할 수 있게 한다. 화장품 회사의 경우 자사 웹이나 앱에 회원가입을 한 고객들의 데이터를 확보하는 것은 가능한 영역이었다. 고객이 언제 어떤 종류의 화장품을 구매하고 있는지 구매 주기와 선호하는 브랜드, 가격대 등에 대한 정보 등이다. 궁극적으로 마이데이터가 전방위로 확장이 된다면 고객의 화장품 구매패턴뿐만이 아니라 해당 고객의 통신요금, 화장품 이외의 쇼핑 패턴, 피부과 정보를 통한 고객의 피부 고민 등 다양한 정보를 더 얻을 수 있다. 이는 초개인화 서비스 영역으로 진입을 가능하게 해준다.

자사 고객이 아니어서 그동안 수집하지 못했던 새로운 고객의 개인정보를 비교적 쉽고 빠르게 확보할 수 있는 길이 열리게 된다. 고객들은 어떤 기업이 제공하는 마이데이터 서비스가 충분히 가치가 있다고 생각된다면 더 가치 있는 서비스를 누리기 위해 개인의 정보이동권을 행사할 가능성이 크다. 기존에는 신규 고객이 가입을 하는 순간부터 해당 고객의 트랜잭션이 발생할 때마다 고객데이터를 하나씩 쌓아가야 했다. 어느 정도의 데이터가 쌓여 기업이 비교적 정확한 개인화 서비스를 제공하기까지는 시간이 걸렸다. 하지만 마이데이터에서 정보주체의 정보이동권 행사로 경쟁사에 쌓아 놓은 개인정보를 한 순간에 제공받을 수 있는 길이 열리게 되는 것이다. 기업의 뺏고 빼앗기는 경쟁이 시작되는 것이다. 그만큼 기업 입장에서는 정보 주체에게 가치를 제공할 수 있는 경쟁력 있는 비즈니스 모델이 중요해진다.

공공: 국민의 더 나은 삶과 산업 활성화를 위해 공공의 역할이 중요하다

공공은 마이데이터 관점에서 여러 입장을 동시에 가지고 있는데 크게 두 가지로 나누어 볼 수 있다.

첫째는 마이데이터 제공자로서의 입장이다. 공공에서 가지고 있는 데이터는 무궁무진하다. 정부나 공공기관이 보유한 데이터는 기상 데이터나 통계 데이터와 같이 개인정보인 마이데이터와 직접적인 관계가 없는 데이터가 있는 반면 개인 주민등록 데이터, 소득 데이터, 세금 데이터, 복지 데이터 등 개인 데이터도 대단히 많다. 그렇기 때문에 마이데이터 제공자로서 공공이 차지하는 비중은 절대적이라고 볼 수 있다.

두 번째는 국민 개개인의 더 나은 삶을 위해, 또 개별 기업을 뛰어넘어 전반적인 산업 활성화를 위해 마이데이터가 제도적으로 잘 정착될 수 있는 환경을 마련해 주어야 하는 책임이 있는 정책 담당자로서의 입장이다.

국민의 더 나은 삶을 위해 공공 데이터 활용 및 활성화는 중요하다. 다양한 공공 데이터를 활용한 서비스들은 개인의 삶을 보다 풍요롭게 해 주고 있다. 정부에서는 다양한 공공 데이터를 공개하는 정책을 꾸준히 펼치고 있다. 공개된 공공 데이터를 활용한 다양한 서비스들도 나오고 있다. 양적으로는 많은 공공 데이터가 개방이 되고 국제적으로 데이터 개방성을 측정하는 OECD의 OUR^{Open, Useful, Reusable} Data Index에서 우리나라는 독보적인 위치를 차지하고 있다. 양적인 측면뿐만 아니라 질적인 면과 공공 데이터의 활용도를 높일 수 있는 유용한 데이터의 개방에 좀 더 힘을 쏟아야 한다. 나아가 국민이 정보 주체로서 개인의 정보이동권을 행사할 수 있는 공공데이터 기반 조성에도 힘을 기울여야 한다.

마이데이터의 제도적인 측면을 보면 개인정보보호위원회를 중심으로 개인정보 보호체계가 있다. 그리고 금융위원회를 중심으로 한 금융영역, 과기정통부와 방송통신위원회를 중심으로 한 통신영역, 행정안전부를 중심으로 한 공공 영역, 산업통상자원부를 중심으로 한 유통 물류 영역, 보건복지부를 중심으로 한 의료 영역 등 우리나라 정부 대부분의 부처는 마이데이터와 연관되어 있다. 각 부처가 담당하는 산업 내에서의 마이데이터의 활성화 측면뿐만 아니라 산업 간에 마이데이터 교류가 활성화 될 수 있는 기반 조성에 힘써야 한다.

PART 2

마이데이터는
어떻게 발전해 왔나?

5 | 장

마이데이터
해외 현황

마이데이터는 정보주체인 개인이 주도적으로 권리를 행사함으로써 개인정보의 보호와 활용 두 가지 모두를 이룰 수 있도록 고안된 체계이다. 마이데이터에 대한 다양한 시도는 2010년 이후 유럽의 여러 나라들로부터 시작되었다. 영국의 MiData(2011), 프랑스의 MesInfos(2012), 핀란드의 MyData(2014) 등이 그 예이다.

해외 여러 나라들이 마이데이터와 정보활용 활성화에 어떤 노력을 하였나를 봄으로써 우리나라 마이데이터에 영향을 주는 요소를 파악해 볼 수 있다. 이 장에서는 유럽 여러 나라들의 마이데이터 관련 노력과 정책·제도를 살펴보고, 유럽과는 조금 다른 법적·사회적 환경에 처해 있는 일본과 미국의 상황에 대해서도 살펴보려고 한다.

최초의 정책적인 시도
영국 마이데이터

정책적으로 마이데이터를 최초로 시도한 국가는 영국이다. 2010년부터 마이데이터에 대한 논의를 시작하여 2011년부터 MiData 프로그램을 시행해 왔다. MiData는 개인이 기업들이 보유한 개인정보에 손쉽게 접근하고 이를 활용할 수 있도록 하는 정책이다. 정보주체인 개인은 통신, 에너지, 금융, 인터넷 기업 등이 보유한 개인정보를 전자적인 형태로 다운로드 받을 수 있고, 원하는 경우에 MiData 파일을 마이데이터 비교서비스를 제공하는 기관(비교제공자)comparison provider에 보내면 비교제공자는 파일을 분석하여 이용과 거래 패턴에 맞게 최적의 관리 방법을 제시하거나 다른 서비스 제공자를 추천하게 된다.

예를 들면, 2015년의 GoCompare 비교서비스의 경우, GoCompare 사이트가 비교제공자의 역할을 하며, 소비자는 현재 이용하고 있는 전기회사로부터 가정 내 전력 소비에 대한 상세한 정보를 MiData 파일의 형태로 다운로드 받아 GoCompare에 제공하여 시간대별 소비패턴 분석이나 전력요금 비교 정보를 얻어 소비행태를 바꾸거나 요금제를 바꾸기 위한 판단에 활용할 수 있다. 이전까지 소비자는 이와 같은 정보를 활용하기 편한 전자파일 형태로 받을 수도 없었고, 이를 제3자에게 제공해 분석해보는 서비스를 이용할 수도 없었다. MiData 프로그램을 통해서 데이터를 공유하고 활용함으로써 소비자는 더 나은 서비스를 누릴 수 있게 되었다.

MiData 프로그램 운영사례

운영사례	운영 주체	서비스 주요 내용	비고
midata Innovation Lab(2013)[1]	AVIVA(보험사) BBC(방송사) Verizon (통신사) 등	MI Health(건강정보) MI Finance(대출정보) Relative Calm(원거리 건강상태 확인) MI Move(이사 시 주소 일괄변경)	사생활 침해 우려로 사업화 단계까지는 진행되지 않음
Gocompare 비교서비스 (2015)	Gocompare	에너지(전력, 가스), 은행, 신용카드, 통신 등 각종 서비스 및 가격비교	

영국의 초창기 MiData 정책의 특징은 정부가 규제하는 방식이 아니라는 것이었다. 영국 정부는 마이데이터 정책의 계획부터 정부 주도의 정책 추진이 아닌 민간 기업의 자발적 참여를 유도하는 방식을 택하였고, 2011년 MiData 프로젝트에서도 금융, 에너지, 통신, 유통 분야의 26개 민간기업이 자발적으로 공공–민간 파트너십을 형성하도록 하였다.

이러한 비규제적 접근이 효과적으로 작동하는 데에 한계가 있음을 확인하고 2013년부터는 프로그램의 법적인 근거를 탄탄하게 하기 위한 법률 개정 작업을 병행하였다. 2013년 「기업 및 규제 혁신법」Enterprise and Regulatory Reform Act 개정을 통해 소비자 정보를 디지털화하여 제공함으로써 소비자가 쉽게 가격을 비교하거나 자신의 소비패턴을 분석할 수 있도록 하였고, 2014년에는 「정보공개법」Freedom of Information Act을 개정하여 공공 데이터를 디지털화하여 제공하도록 하였다.

영국의 마이데이터 정책 중 금융권에 특화된 것으로 오픈뱅킹 정책을 들 수 있다. 영국 정부는 2015년 오픈뱅킹 워킹그룹OBWG을 만들어 은행 산업에서 경쟁을 촉진하고 핀테크 산업을 육성하는 정책을 시행하였다. EU의 PSD2Revised Directive on Payment Services에 대응하여 2018년부터는 오픈뱅킹 표준3.0을 발표하고 오픈API 표준안을 마련하였다. 이 표준에 따라 영국의 주요 9개 은행은 조회형 API(데이터 조회, 전송)와 실행형 API(결제, 송금)를 제3자에게 개방하였다. 특히 EU PSD2에 포함되어 있지 않던 금융상품에 대한 정보까지를 개방범위에 포함하여, 소비자를 위한 상품 간 비교 서비스가 가능하도록 하였다.

비영리 싱크탱크가 주도한
프랑스 마이데이터

프랑스는 2012년부터 MesInfos라는 이름의 마이데이터 프로젝트를 추진하였다. 초기에는 미국의 블루버튼, 그린버튼과 영국의 MiData를 벤치마킹하였다. 프랑스의 마이데이터 정책의 뚜렷한 차별성은 정부가 직접적인 역할을 하지 않고, 비영리 싱크탱크인 차세대인터넷재단FING, Foundation Internet Nouvelle Generation[2]이 이를 주도하였다는 데에 있다.

FING 재단은 2013년부터 320명의 자원참가자를 대상으로 위치정보, 통신데이터, 영수증, 보험계약, 은행계좌 정보 등을 제공하는 실험을 시범적으로 수행하였다. 이들 정보는 실험에 참여한 파트너 기업들인 3개 은행Credit cooperatif, La Banque Postale, Societe Generale과 소매업체Les Mousquetaires, 보험사AXA가 제공하였다. 2016년에는 실험규모를 확대하여 개인정보, 플랫폼, 클라우드 등의 구성요소를 활용한 파일럿 테스트를 수행하였다. 여기에는 개인정보를 보유한 15개 이상의 기업 및 기관과 2,000명의 자발적 참여자 등이 참여하였다.

프랑스 정부는 법적인 근거 정비를 위해 2016년에 디지털 공화국을 위한 법률la loi pour une Republique numerieque을 제정하여 인터넷 서비스기업에 제공한 개인정보에 대해 소비자가 반환을 청구할 수 있도록 하였고, 2018년 EU GDPR의 발효 이후에는 GDPR을 따르도록 하였다.

정보주체의 주도권을 강조한
핀란드 마이데이터

핀란드는 2014년 마이데이터 정책의 개념과 정책 방향을 담은 보고서를 발간하고, 2015년 마이데이터를 국가 아젠다로 채택하였다. 핀란드 마이데이터 정책의 핵심은 개인이 주체가 되는 정보관리에 있다. 개인이 기업에서 제공하는 서비스를 이용하기 위해서는 개인정보를 기업에게 줄 수 밖에 없지만, 마이데이터를 통해 자신의 정보를 개인 스스로가 주도적으로 관리할 수 있게 하는 것이다. 2014년 핀란드 교통통신부가 펴낸 보고서MyData-A nordic model for human-centered personal data management and processing[3]는 마이데이터의 정의와 원칙, 이점, 실제적인 운영 아키텍처 등에 대한 설명을 담고 있다. 이 보고서는 마이데이터의 세 가지 원칙으로 1) 인간 중심의 통제와 프라이버시, 2) 쓸 수 있는 데이터, 3) 개방된 비즈니스 환경을 들고 있다.

보고서는 마이데이터 생태계 내의 여러 주체의 역할에 대한 설명을 통해 실제적인 운영 아키텍처를 제시하고 있다. 보고서에서 제시한 마이데이터 주체로는 정보주체, 데이터 원천, 데이터 활용서비스, 오퍼레이터 등의 4가지가 있다. 정보주체는 서비스를 제공받는 대상이면서 데이터 이동에 대한 동의를 제공하는 개인을 의미한다. 데이터 원천은 데이터를 보유하고 있는 기관 또는 개인을 의미한다. 데이터 활용서비스는 데이터 원천이 제공한 데이터를 활용하여 서비스를 제공하는 주체이다. 오퍼레이터는 개인과 정보를 보유한 기업 사이에 각종 규제 사항이 준수될 수 있도록 하고 개인정보 이용의 동의 절차를 도움으로써 신뢰를 기반으로 한 데이터의 흐름을 가능하게 해 주는 주체이다.

마이데이터 오퍼레이터는 직접 데이터를 수집하지는 않고, 관련 주체들이 믿고 데이터를 주고받을 수 있도록 연결 고리를 만드는 역할을 수행한다. 마이데이터 오퍼레이터는 개인에게 마이데이터 계정을 만들고 관리할 수 있는 서비스를 제공한다. 정보주체가 데이터 원천과 데이터 활용서비스를 계정에 연결하고 계정별 권한 관리를 할 수 있도록 한다. 원칙적으로 마이데이터 오퍼레이터는 다수가 존재할 수 있으며, 정보주체는 이를 선택하거나 변경할 수도 있고, 정보주체가 직접 운영자의 역할을 할 수도 있다. 마이데이터 오퍼레이터는 문서상으로만 정의된 이론적인 존재는 아니다. 실제로 핀란드에서는 이러한 정의에 부합되는 마이데이터 오퍼레이터 회사가 출범하여 활동하고 있다.

핀란드 모델에서 정리한 마이데이터 원칙과 생태계 내 역할들은 이후 마이데이터 글로벌MyData Global 등의 커뮤니티에도 큰 영향을 미쳐, 시민 주도 마이데이터 운동의 기반이 되고 있다. 2020년 마이데이터 글로벌이 펴낸 최신 버전의 마이데이터 백서[4]도 핀란드 모델에서 정의한 각 주체의 관계와 역할을 더욱 발전시켜 제시하고 있다.(3장 마이데이터는 어떻게 작동

하는가? 참조)

마이데이터 생태계 내 주체의 역할

개인 / 정보주체 / 계정소유자
계정을 만들고, 이를 새로운 서비스를 연결하기 위해 이용하며, 동의를 통해 데이터의 흐름을 승인하는 사람. 데이터 원천, 데이터활용서비스, 마이데이터오퍼레이터와 상호작용함.

마이데이터 오퍼레이터
마이데이터 계정과, 연관 서비스를 제공. 계정은 디지털 동의관리를 가능하게 함.

데이터원천 및 데이터활용서비스
데이터원천은 개인에 대한 데이터를 이 정보를 활용하는 서비스에 제공. 같은 주체가 동시에 데이터원천과 데이터활용서비스의 역할을 할 수도 있음.

⟶ 동의 흐름
--▶ 데이터 흐름

출처: MyData – A Nordic Model for human-centered personal data management and processing (2014)

핀란드에서는 정부 주도로 마이데이터 프로젝트를 시범 운영하여, 노동 위생 관련 데이터의 통합 이용, 복수 로열티카드 사용 내역 통합, 연구용 데이터 은행의 데이터 수입 동의 취득을 위한 공통 프레임워크 제공 등에 사용하였다. 최근에는 헬싱키시 정부가 시민을 위한 데이터 기반 서비스의 개발에 집중하면서, 시민 개개인에게 상황에 맞는 개인화된 행정서비스를 제공하기 위해 마이데이터를 활용 중이다. 시 정부가 동의를 기반으로 개인의 데이터를 활용해 시민과 시 전체에 모두 이익이 되는 서비스를 제공하려면 신뢰가 바탕이 되어야 하는데, 마이데이터의 원칙과 체계가 이러한 목적과 잘 들어맞는다.

세계 여러 나라 입법의 참고가 되는
유럽연합EU

앞에서 EU의 회원국이었던 영국과 프랑스, 핀란드(현재는 영국은 EU를 탈퇴)의 관련 정책 사례를 살펴보았지만, EU는 전체 연합 차원에서도 전 세계 어느 지역보다도 개인정보의 보호에 많은 관심을 기울이고 있다. 2016년에는 본인 개인정보에 대한 통제권 확대를 목적으로 GDPR을 제정하였다.

우리나라를 비롯한 세계 여러 나라에서 개인정보 보호에 대한 입법에 참고하는 법 체계가 바로 EU의 GDPR이다. 마이데이터의 법적인 기반인 데이터 이동권Right to Data Portability은 GDPR에도 명시되어 있다. GDPR의 데이터 이동권은 정보주체가 개인정보를 수령하고 원하는 경우에는 정보처리자의 방해 없이 다른 정보처리자에게 전송할 권리를 의미한다. 여기에 기술적으로 가능할 경우에는 다른 정보처리자에게 직접 개인정보를 전송하도록 요구할 권리까지도 포함한다. 정보주체가 개인정보를 정보처리자의 경쟁자에게 보내는 것을 보장하는 권리이다.

EU는 특히 금융산업에 한해서 정보이동권의 개념이 한층 더 강화된 형태로 구체화된 Revised Directive on Payment Services[PSD2]를 2015년에 제정하였다. 고객의 동의가 있다면 API를 통해 제3자가 금융회사의 고객관련 데이터를 사용할 수 있도록 하는 것이 PSD2의 주요 내용이다. 고객 관련 데이터의 사용 방식은 금융기관이 보유한 고객 데이터를 고객이 직접 조회하는 방식과 금융기관에게 고객을 대신해 지급을 지시하는 방식의 두 가지가 있다. 고객이 동의를 한 경우 EU 내의 모든 대형 금융기관은 오픈 API를 통해 이 두 가지 서비스를 제3자에게 의무적으로 제공해야 한다. 제3자 지급서비스 제공자 중 금융기관이 보유한 고객데이터를 조회하는 서비스를 제공하는 사업자는 계좌정보서비스 사업자[Account Information Service Provider, AISP], 금융기관에 지급을 지시하는 서비스를 제공하는 사업자는 지급지시대행서비스 사업자[Payment Initiation Service Provider, PISP]로 정의된다. PSD2를 통해 금융기관이 독점하고 있던 고객 계좌정보와 지급서비스를 제3자가 이용할 수 있게 됨에 따라 온라인 결제시장에서의 경쟁이 촉진되고 그 결과로 소비자의 비용부담이 줄어들 것으로 기대되고 있다.

AISP, PISP 도입 전후의 데이터 흐름

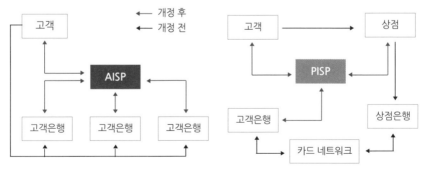

출처: 한국은행, EU내 MiFID II 및 PSD2 시행과 향후전망(2018)

고령화 문제의 해결과 연계한
일본 마이데이터

    일본은 독특하게 정보은행이라는 제도를 추진하고 있다. 다른 나라와 마찬가지로 일본도 데이터 기반 산업의 활성화를 필요로 했고, 이를 위해 데이터 유통과 활용 환경을 정비해야 했다. 일본은 유럽의 마이데이터를 벤치마킹하면서 일본 사회가 직면한 고령화 문제까지 대응할 수 있는 제도로 정보은행이라는 개념을 정립하였다.

    일본의 정보은행은 2017년부터 본격적으로 논의되었다. 개인으로부터 개인정보 활용에 대한 포괄적인 동의를 받고 현금이나 부동산 같은 자산을 신탁하듯이 개인정보의 관리를 기관에 위임하는 제도이다. 이 제도를 통해 개인정보에 대한 권리 행사에 어려움이 있는 고령층을 주요 고객으로 끌어들이는 한편, 민간사업자에게는 수익성 확보를 위한 신용평가 서비스, 데이터 가공 판매업무, 서비스 중개업무 등을 허용하고 있다.

    정보은행을 위한 정책 수립의 과정은 2016년 내각관방의 데이터유통 환경 정비 검토회에서 정보은행 구조를 본격 검토하면서 시작되었다. 이후 정부 각 부처가 정보은행과 관련된 정책의 검토와 제도 마련에 착수하였고, 2018년에는 총무성과 경제산업성이 공동으로 '정보신탁기능 인정에 관한 지침 ver1.0'을 발표하였다. 2019년에는 이를 재검토하여 ver2.0을 논의하기도 하였다.

정부 주도의 실증사업을 거쳐 2019년부터는 여러 민간 사업자가 정보은행 사업에 뛰어들었다. 2021년 현재 6개의 민간기업이 정보은행 인정을 받아 서비스를 제공하고 있다.

스마트공개제도를 통한
미국 연방정부 마이데이터

미국은 연방정부 차원의 종합적인 「개인정보 보호법」이 존재하지 않는다. 그 대신 주 정부별로 독자적인 개인정보 관리법을 가지고 있다. 예를 들면 캘리포니아주에는 2018년 제정된 「소비자개인정보보호법」California Consumer Privacy Act; CCPA과 2020년 제정된 「개인정보보호권리법」California Privacy Rights Act; CPRA이 있으며, 뉴욕주에는 유사한 법안인 SHIELD Act가 별도로 존재한다. 미국 정부는 마이데이터 정책이 자국의 환경과 맞지 않는다고 보고 연방정부 차원의 별도의 마이데이터 관련 법률을 제정하지는 않고 있다.

미국은 연방정부 차원에서 스마트공개제도Smart Disclosure를 추진하였다. 민관 협력을 통해 확보한 개인정보를 전자적으로 처리가 가능한 형태로 개방하는 것으로 개인이 데이터를 바탕으로 스마트한 선택을 하도록 돕기 위한 제도이다. 상이한 개인정보보호 체계 때문에, 스마트공개제도의 강조점은 다른 나라 마이데이터 정책과 약간의 차이점이 있다. 스마트공개제도가 강조하는 것은 개인정보와 정보주체의 권리 보호보다는 정보를 활용함으로써 개인이 얻을 수 있는 편리함이다. 스마트공개를 통해 제공되는 정보는 개인정보에만 국한되지 않고, 회사와 상품에 대한 정보까지도 포함한다. 이런 정보를 자동적·지능적으로 처리해서 개인이 더욱 편리하고 스마트한 생활을 할 수 있게 하기 위해 표준화된 전자 파일 형태로 데이터를 다운로드 받을 수 있게 하는 것이 핵심이다.

스마트공개제도를 통한 데이터 활용의 대표적인 사례로 퇴역군인과 의료보험대상자를 대상으로 하는 '블루버튼' 서비스가 있다. 블루버튼은 의료 서비스 이용자가 본인의 개인건강기록을 온라인으로 보거나 다운로드 받을 수 있는 체계이다. 미국의 여러 정부, 공공 기관이 이러한 체계를 구현하여 재향군인, 공무원, 노령 및 저소득층이 개인건강기록을 다운로드 받을 수 있도록 하고 있다. 이에 더해 민간 의료보험사와 의약품 도매업체 등도 같은 서비스를 제공하고 있다. 미국의 의료기술표준을 관장하는 OCN the Office for the National Coordinator for Health Information Technology 은 민관 협업을 통해 건강데이터의 전송을 위한 표준 프로토콜 '블루버튼+Blue Button+'를 개발하여 서비스의 이용자와 개발자가 사용할 수 있는 데이터 전송 표준과 API 표준을 제공하고 있다.

의료 데이터에 블루버튼이 있다면 에너지 관련 데이터에는 그린버튼이 있다. 이는 소비자가 웹사이트의 녹색 버튼을 클릭해서 에너지 사용 관련 데이터에 접근할 수 있도록 하는 체계이다. 실시간으로 전기·가스 등의 사용현황을 확인하고 필요시 자신의 에너지 사용 데이터를 다운로드 받을 수 있다. 민간 기업들은 그린버튼으로 공유되는 데이터를 활용하여 기업과 개인에게 에너지 소비패턴을 기반으로 한 효율성 증대와 비용 절감 방안을 추천하는 서비스를 제공한다. 마찬가지로 교육 분야에는 '마이스튜던트버튼' 서비스가 있어서 이를 이용해 개인이 자신의 교육관련 데이터를 다운로드 받을 수도 있다.

미국은 데이터 브로커 산업이 활성화되어 있는 나라이다. 대표적인 데이터 브로커 중 마이데이터와 유사한 형태의 사업모델을 가지고 있는 회사로 요들리www.yodlee.com를 들 수 있다. 요들리는 고객의 금융거래 데이터를 스크래핑으로 모으는 데이터 통합 서비스 회사이다. 개인 고객에게는 자신이 거래하고 있는 모든 금융회사의 계좌 정보를 한눈에 보여주는 Money by Envestnet Yodlee라는 웹 애플리케이션 서비스를 통해 지출 관리, 계좌 관리, 공과금 관리 등의 서비스를 무료로 제공한다. 이를 통해 확보한 개인 금융거래 정보는 다시 익명화 과정을 거쳐 은행 등 금융회사에 판매된다. 요들리가 판매하는 익명화된 정보가 개인의 프라이버시를 침해하지 않는지에 대한 논란은 있지만, 요들리의 서비스는 1억 명 이상의 개인 회원을 모을 정도로 인기를 끌고 있다.

선진국의 마이데이터 정책이
시사하는 점

해외 여러 나라들의 마이데이터 정책과 그 시행 결과를 통해 우리나라에서 마이데이터가 성공하기 위해 어떤 점을 준비해야 할지 몇 가지 시사점을 찾을 수 있다.

첫째, 명확한 법적인 근거를 마련하는 것이 우선이다. 미국, 영국의 경우 법 제도의 정비에 앞서 기업과 정부의 자발적 참여를 기반으로 마이데이터 정책을 펼치는 시도를 하였다. 미국은 아직도 마이데이터를 위한 연방 차원의 법적 근거를 별도로 만들거나 기업체에 정보공개에 대한 의무를 부과하지 않고 있다. 영국도 2013년~2014년 관련 법을 개정하기 전까지는 자발적 참여만을 유도하는 정책을 폈으나, 정보에 대한 권리의 불확실성, 개인정보 침해 가능성 등의 이유로 관련 프로그램이 유의미한 성과를 내는 데까지 상당한 시일이 걸렸다. 반면에 각국 금융 산업의 예시에서 살펴보았듯이 정보이동권 등 권리의 범위를 명확하게 하고, 대상자에게 개방의 의무를 부여한 경우에는 비교적 빠른 시간 내에 실제적인 효과가 나타났다. 새로운 금융서비스가 잇달아 출현하고 이를 기반으로 하는 핀테크 업체들이나 기존 금융사들의 성공사례도 나오고 있다.

둘째, 매력적인 비즈니스 모델을 가진 서비스가 많이 출현해야 한다. 개인은 자기결정권이라는 이상적인 권리를 행사하기 위한 목적만으로 마이데이터 서비스를 적극 이용하지는 않는다. 마이데이터 서비스를 이용하는 것이 작더라도 실질적인 편의와 효익을 얻는 길이어야만 개인이 자발적으로 자신의 개인정보를 내어 놓을 것이고, 그렇지 않다면 마이데이터가 산업적으로 성장하기는 쉽지 않을 것이다. 실망스럽게도, 지금까지 세계 각국에서 시도되었던 서비스는 흩어져 있는 본인의 정보를 개인이 일괄 조회를 할 수 있게 하는 편의를 제공하는 이상의 무언가를 보여주지는 못한 것 같다.

셋째, 마이데이터 생태계가 빨리 자리잡기 위해서는 참여자들 간의 신뢰 확보가 중요하다. 특히 개인정보에 대한 보호 방안이 충분하지 않으면 정보주체들이 마음 놓고 데이터를 내 놓을 수 없고, 마이데이터를 활용한 새로운 서비스들이 궤도에 오를 수 없다. 개인정보의 보호와, 나아가 참여자간 신뢰 확보를 위해서는 여러 가지 기술(예를 들면, 보안 관련 기술과 개인정보의 비식별화 기술들)도 활용해야 하지만, 참여자가 지켜야 할 가이드라인과 규제 등도 명확히 하여야 한다. 이러한 요소들이 갖추어지기 전까지는 서비스의 개발과 전개가 처음 계획했던 대로 순조롭게 진행되지 않는 경우가 많았다.

마지막으로 공공의 역할이 중요하다. 마이데이터 생태계가 제대로 동작하기 위해서는 많은 요소들이 유기적으로 움직여야 하는데, 이들 중 일부는 영리를 목적으로 하는 시장 참여자들이 수행할 경제적 유인이 적은 경우도 있고 어느 일부의 이익만을 대변하지 않는 중립적인 성격을 필요로 하는 경우도 있다. 핀란드의 사례에서 언급한 마이데이터 오퍼레이터의 역할이 영리목적으로 수행하는 데에 한계가 있는 경우의 예이고, 참여 주체 간의 원활한 협업을 도울 수 있는 업무절차와 기술의 표준을 제정한다든지 하는 것이 중립적 성격을 필요로 하는 예라 할 수 있다.

6 장

마이데이터
국내 현황

국내에서 데이터 3법 개정(2020)을 전후해서 진행된 각종 정책과 민간 주도의 마이데이터 사례들을 금융·공공·의료·기타의 분야별로 살펴본다. 국내 마이데이터는 「신용정보법」에 의해 신용정보의 전송요구권이 명시된 금융권이 도입을 주도하고 있다. 「신용정보법」은 금융위원회의 허가를 받아 영위할 수 있는 전문 금융업으로 본인신용정보관리업을 도입하였고, 2021년부터 금융위원회는 기존 금융회사와 핀테크업체를 대상으로 사업허가를 내어주고 있다.

공공부문에서는 「민원처리법」과 「전자정부법」에 정보주체 본인에 관한 정보의 전자적 제공·이용 근거가 확보됨에 따라 공공 마이데이터 시범사업이 진행되고 있다. 그 외의 의료, 교통, 유통, 에너지 등 분야에서는 마이데이터 서비스의 확산이 상대적으로 느리지만, 과학기술정보통신부가 주관하는 마이데이터 실증서비스 지원사업을 통해 다양한 사례들이 쌓여가고 있다.

데이터 3법 개정과 마이데이터 산업의
본격 출범

「개인정보 보호법」, 「정보통신망법」, 「신용정보법」 등의 데이터 3법 개정(2020)을 계기로 마이데이터 기반의 사업과 서비스에 대한 기대가 확산되고 있다. 이제 본격적인 마이데이터 시대가 열리게 되는 셈이지만, 데이터 3법의 개정 이전에도 법적·제도적 뒷받침이 없는 상태에서 마이데이터 서비스는 이미 존재했다고 볼 수 있다. 예를 들어, 뱅크샐러드는 2017년부터 고객의 자산내역을 모바일 앱 하나로 관리하고, 고객의 상황에 맞는 최적의 금융상품을 추천하는 통합자산관리 서비스를 제공하고 있다. 평소 사용하는 카드를 연동해 두면 소비패턴을 상세하게 분석해서 고객의 소비성향에 맞는 카드를 알려주기도 하고, 신용등급, 직업, 나이 등의 조건에 맞추어 가장 알맞은 금융투자상품을 제공하기도 한다. 우리 국민은 금융 마이데이터 서비스를 몇 년 전부터 계속 이용하고 있었던 셈이다.

마이데이터 산업에서 데이터 3법 개정의 의의는 이전에는 법적 근거가 확실치 않아 사업자의 입장에서 가능한 서비스와 그렇지 않은 서비스의

우리나라 마이데이터의 전개

시기	내용
2015.07	금융위원회 '금융권 공동 핀테크 오픈 플랫폼' 정책 발표
2017	마이데이터 기반 통합자산관리서비스 출시
2018.02 ~ 04	4차산업혁명위원회 규제·제도혁신 해커톤
2018.07	금융위원회 마이데이터 정책 발표
2020.01	데이터 3법 국회본회의 통과
2020. 03	기록열람 등 정보이동권 관련 의료법 개정
2020.08	데이터 3법 시행
2021.02	금융 마이데이터업 최초 허가
2021.06	4차산업혁명위원회 '마이데이터 발전종합계획' 발표
2021.10	민원인의 요구에 의한 본인정보 공동이용 조항이 포함된 민원처리법 시행
2021.12	정보주체 본인에 관한 행정정보의 제공요구권이 포함된 전자정부법 시행 금융 마이데이터 시범 시행
2022. 01	금융 마이데이터 API 오픈

경계가 불분명했던 상황이 해소되고, 모든 금융정보가 표준화되고 좀 더 안전한 방법으로 활용할 수 있는 환경이 마련되었다는 점일 것이다.

국내의 마이데이터 관련 정책은 2015년 7월 금융위원회가 발표한 '금융권 공동 핀테크 오픈 플랫폼' 정책이 시작이라고 할 수 있다. 이 정책을 통해 정부는 금융기관과 핀테크 회사 간 서비스 개발 과정에서의 협력을 꾀하였다. 은행권과 금융투자업권이 금융회사 내부서비스를 표준화된 형태로 만들어 공개하는 '공동 오픈 API'를 구현하여 잔액·거래 내역에 대한 조회 기능뿐만 아니라 입출금, 이체, 주식주문과 같은 거래기능까지 제공함으로써 마이데이터의 기능을 부분적으로 수행했다.

2016년 유럽연합의 GDPR 제정으로 정보이동권이 신설된 이후 우리나라에서도 유사한 권리의 법제화 필요성에 대해 많은 관심과 논의가 있었다. 2018년 초에는 4차산업혁명위원회의 제2차, 3차 규제·제도혁신 해커톤의 주제로 '개인정보 보호와 활용의 조화'가 연이어 선정되었다. 학계, 시민단체, 정부 및 기업 전문가들이 관련하여 열띤 토론을 벌였고, 이를 계기로 개인정보의 보호와 더불어 데이터의 활용을 통한 삶의 질 향상과 경제 발전도 필요하다는 공감대가 커졌다.

2018년 7월에는 금융위원회가 마이데이터 정책을 발표하였다. 「신용정보법」 개정을 통해 개인신용정보이동권을 도입하고 본인신용정보관리업을 신설하여 인가받은 업자가 신용정보 통합조회서비스와 정보계좌 업무, 데이터 분석 및 컨설팅, 투자자문 및 일임, 금융상품 자문 업무 등을 수행할 수 있도록 할 계획임을 밝혔다. 이후 국회 논의 과정을 거쳐 데이터 3법의 개정시에 가명, 익명 정보의 정의와 활용 방법 등에 대한 법적인 근거와 함께 신용정보에 대한 전송요구권과 금융 마이데이터업이 정의되기에 이르렀다.

2020년 7월에는 한국형 뉴딜의 구체적인 계획이 발표되었다. 한국형 뉴딜은 2025년까지 약 160조 원을 투입하여 190만 개 일자리를 창출하겠다는 정부의 계획이다. 미국이 대공황의 위기를 이겨 내기 위해 시행했던 뉴딜 정책의 한국판인 셈이다. 그중 데이터, 네트워크, 인공지능 등 디지털 신기술D.N.A.을 바탕으로 산업 혁신을 이끌고 국가경쟁력을 높이겠다는 D.N.A. 생태계 강화 분야의 추진과제로 데이터 구축·개방·활용이 포함되어 있다. 데이터의 수집, 개방에서부터 유통과 인공지능 등에의 활용까지 전 주기 생태계를 강화하고 민관 합동 데이터 컨트롤 타워를 마련해 데이터 경제로의 전환을 가속화한다는 과제이다. 데이터 구축·개방·활용 과제의 세부과제로 마이데이터가 언급되어 있으며, 데이터 확보를 위한 중요한 수단의 하나로 강조되고 있다.

하지만 마이데이터의 근거가 되는 정보이동권이 일반적인 모든 개인정보에 적용되는 것이 아니라, 개인신용정보, 즉 개인의 금융관련 정보에 국한된다는 점은 새로 개정된 데이터 3법의 한계라고 할 수 있다. 어찌 되었건 개정된 「신용정보법」을 근거로 정보주체는 본인의 신용정보를 본인, 마이데이터 사업자, 개인신용평가회사 등에 제공을 요구하는 행위가 가능해졌다. 금융거래 정보와 국세·지방세 납부 정보, 4대 보험료 납부 정보, 통신료 납부정보 등이 제공대상 신용정보에 속한다.

현재까지 「개인정보 보호법」에는 정보이동권 등의 권리에 대한 언급이 없다. 「신용정보법」에만 관련 조항이 있어, 개인정보를 보유한 기업이 해당 정보를 제3자에 제공할 의무는 개인신용정보에만 있는 것이 현재의 상황이다. 다른 나라들의 법·제도 사례에서 보듯이 정보이동권은 정보주체의 자기결정권을 보장하기 위해 생겨난 것인 만큼, 정보주체가 이러한 권리를 신용정보에 대해서만 누릴 수 있고 다른 개인정보에 대해서는 누릴 수 없다는 것은 바람직하지 않아 보인다. 「신용정보법」의 정식 명칭인 '신용정보의 이용 및 보호에 관한 법률'이라는 이름이 시사하듯이 데이터의 이용과 보호 양자 간의 균형을 이루면서 개인의 권리를 최대한 보장하는 방향이 4차산업혁명시대의 제도와 정책의 방향이며, 이런 점에서 「개인정

디지털 뉴딜 4대분야 12개 추진 과제

D.N.A. 생태계 강화

① 데이터 구축·개방·활용
② 1, 2, 3차 전 산업으로 5G·AI 융합 확산
③ 5G·AI 기반 지능형 정부
④ K-사이버 방역체계

교육인프라 디지털 전환

⑤ 초중고 디지털 기반 교육 인프라 조성
⑥ 전국 대학·직업훈련기관 온라인 교육 강화

비대면 산업 육성

⑦ 스마트 의료·돌봄 인프라
⑧ 중소기업 원격근무 확산
⑨ 소상공인 온라인 비즈니스 지원

SOC 디지털화

⑩ 4대 분야 핵심 인프라 디지털 관리체계 구축
⑪ 도시·산단의 공간 디지털 혁신
⑫ 스마트물류체계 구축

출처: 관계부처 합동 한국판 뉴딜 종합계획(2020.7.14)

보 보호법」도 '보호'만을 강조할 것이 아니라, 이용과 보호를 동시에 추구
해야 할 것이다.

또한 현재 가장 활발하게 진행중인 금융권 마이데이터 사업자는 허가
제를 기본으로 하고 있다. 마이데이터가 개인의 자기 결정권을 강화하고
다양한 산업의 데이터를 활용하여 삶의 질을 향상 시키기 위해서는 금융

권 신용정보뿐만이 아니라 타 산업의 개인정보도 폭넓게 활용되어야 하는데, 금융위원회의 허가를 득한 마이데이터 사업자가 타 산업 데이터까지 모은다거나 타 산업의 마이데이터 사업자가 개인 신용정보를 취급하기 위해서는 어떠한 절차를 거쳐야 할지에 대해서도 고민이 필요하다. 국가차원의 전 산업의 개인정보를 아우르는 거버넌스^{Governance} 필요성이 중요한 이유가 된다.

금융 부문의 마이데이터 사업 본격화와 더불어, 금융 이외의 분야에서도 정보처리자의 자발적인 참여와 혁신 사업모델 개발을 통해 새로운 마이데이터 서비스가 시도되고 있다. 다음에서는 각 산업분야별 마이데이터 정책과 다양한 비즈니스 시도에 대해 살펴보려 한다.

국내 마이데이터를 선도하고 있는
금융 마이데이터

해외 마이데이터 사례가 금융분야에 집중되어 있듯이 국내 마이데이터 정책도 금융이 선도하고 있다고 할 수 있다. 정부 부처 중에서도 금융위원회가 가장 먼저 '금융권 공동 핀테크 오픈 플랫폼' 정책(2015)과 '금융 마이데이터' 정책(2018)을 발표하면서, 금융기관들이 보유한 국민의 개인 신용정보들을 활용하여 정보주체의 편익을 늘리고 핀테크 등의 새로운 산업을 육성하기 위한 발판을 마련하였다. 이러한 정책은 결국 「신용정보법」의 개정(2020)으로 이어지면서, 국내에서 가장 먼저 「신용정보법」이 전송요구권을 정보주체의 권리 중 하나로 명시하게 되었고, 이를 이용한 새로운 금융업인 본인신용정보관리업을 탄생시키게 되었다.

본인신용정보관리업은 금융위원회의 허가를 받아야 영위할 수 있는 전문 금융업으로, 개인의 신용정보에 대한 통합조회 서비스가 고유의 업무이다. 신용정보에는 은행 입출금 내역·대출 내역·보험가입 내역과 신용카드 사용 내역 등 개인의 모든 금융 정보가 포함되므로, 본인신용정보관리 서비스를 이용하면 개인은 하나의 사이트, 하나의 앱에서 자신의 모든 금융 거래 내역을 일목요연하게 찾아볼 수 있게 된다.

여기에 더해 본인신용정보관리업자는 금융위원회의 별도 사업 허가를 받아서 할 수 있는 겸영 업무로 투자자문업, 투자일임업과 금융상품자문업 등을 할 수 있다. 또한 별도 허가를 받지 않아도 본인신용정보관리업 허가가 있으면 할 수 있는 부수업무로 개인신용정보를 기초로 제공하는 데이터 분석과 컨설팅 업무가 있다. 신용정보주체 본인이 자신의 개인신용정보를 관리, 사용할 수 있는 계좌를 제공하는 업무 또한 가능하다. 다시 말하면, 개인의 금융생활 이력을 바탕으로 고객에게 가장 적합한 금융상품이나 투자처를 추천하는 것과 같은 개인화된 금융서비스를 할 수 있는 것이다.

본인신용정보관리업은 일명 '마이데이터 사업'이라고도 불리며 금융권 마이데이터 기반 혁신의 대명사로 인식되고 있다. 개정된 「신용정보법」의 시행(2021.2)에 발맞추어 금융위원회는 금융사 14곳과 핀테크 14곳 총 28곳의 사업자에게 최초로 마이데이터 사업 허가를 주었으며, 2021년 12월 현재 총 53곳의 사업자가 사업허가를 받았다.

앞에서도 언급했듯이 기존에도 국내외에 비슷한 사업모델을 가진 서비스는 있었다. 뱅크샐러드나 토스 같은 앱이 그것이다. 이런 서비스를 이용하면 여기저기 흩어져 있는 내 통장 잔고·부채·카드사용 내역을 모아 볼 수 있고 내게 가장 잘 맞는 신용카드를 추천받을 수도 있었다. 미국의 유명한 개인재무관리 서비스인 민트는 우리나라의 뱅크샐러드와 유사하게 온갖 금융과 동산·부동산 등의 정보를 모아서 보여주고, 개인화된 금융

금융 마이데이터 사업자 겸영 업무

겸영 업무	비고
투자자문·투자일임업	전자적 투자조언장치를 활용하는 방식(로보어드바이저 방식)으로 투자자문 및 투자일임업을 수행할 수 있음
전자금융거래법 제28조에 따른 전자금융업	
금융소비자보호에 관한 법률 제2조제4호에 따른 금융상품자문업	
신용정보업	개인신용정보평가업, 개인사업자신용평가업, 기업신용조회업 등 신용정보업을 영위할 수 있음
금융관계법률에 따라 허가·인가·등록 등을 받아 영업 중인 금융회사의 경우 해당 법령에서 허용된 고유·겸영·부대업무	금융관계법률에 따른 은행업, 신용카드업, 보험업, 금융투자업 등을 영위할 수 있음
비금융법률이 금지하지 않는 업무(비금융법률에 따라 행정관청의 인가·허가·등록 및 승인 등의 조치가 있는 경우 할 수 있는 업무로서 해당 행정관청의 인가·허가·등록 및 승인 등이 있는 경우를 포함한다)	금융관계법률을 제외한 법률에서 금지하는 업무(예시: 불법사채업 등)를 하고 있지 않다면 원칙적으로 모든 업무와 겸영 가능
대출의 중개 및 주선 업무	법 제2조제1호의3가목1)부터 4)까지의 규정에 따른 거래의 확정금리·한도를 비교·분석하고 판매를 중개하는 업무를 말함
온라인투자연계금융업 및 이용자보호에 관한 법률에 따른 온라인 투자연계금융업	
정보통신망 이용촉진 및 정보보호 등에 관한 법률 제23조의3에 따른 본인확인기관의 업무	
금융상품판매대리·중개업	

출처: 금융분야 마이데이터 서비스 가이드라인 등

금융 마이데이터 사업자 부수 업무

부수 업무	비고
해당 신용정보주체에게 제공된 본인의 개인신용정보를 기초로 그 본인에게 하는 데이터 분석 및 컨설팅 업무	통합조회에 제공된 개인신용정보를 기초로 재무현황, 소비패턴 등의 데이터 분석정보를 본인에게 제공하는 업무
신용정보주체 본인에게 자신의 개인신용정보를 관리·사용할 수 있는 계좌를 제공하는 업무	전기·가스·수도료 납부정보, 세금·사회보험료 납부내역 통합조회 대상 신용정보 외에도 본인이 직접 수집한 개인신용정보를 관리·활용할 수 있는 계좌제공 업무
제39조의3제1항 각 호의 권리를 대리 행사하는 업무	
금융상품에 대한 광고, 홍보 및 컨설팅	
본인신용정보관리업과 관련된 연수, 교육 및 출판, 행사기획 등 업무	
본인신용정보관리업과 관련된 연구·조사 용역 및 상담업무	
본인인증 및 신용정보주체의 식별확인 업무	
업무용 부동산의 임대차	
기업 및 법인 또는 그 상품 홍보·광고	
가명정보나 익명처리한 정보를 이용·제공하는 업무	
데이터 판매 및 중개 업무	

출처: 금융분야 마이데이터 서비스 가이드라인

관리 서비스도 제공하는 회사이다. 물론 미국은 우리나라와는 좀 다른 개인정보보호 법 체계때문에 별도로 전송요구권이라는 권리를 법적으로 명시하지는 않지만, 이용자가 느끼기에 동일한 편의성을 제공하고 있다고 할 수 있다.

　아직 금융 마이데이터 사업이 이전의 비슷한 서비스와 비교할 때 획기적으로 다른 무언가를 제공하고 있지는 않다. 하지만 제대로 된 법적인 기반을 가지고, 규제당국의 허가 하에 안정성 있는 서비스를 제공할 수 있게 된 것이 변화의 첫 단계이다. 5대 시중은행을 포함한 금융권 대표기업들과 네이버, 카카오와 같은 빅테크 회사, 그리고 대표 핀테크 회사들이 모두 뛰어든 만큼, 앞으로 새로운 시장과 혁신적인 서비스가 잇따를 것이 기대된다.

국민의 데이터 주권 강화를 목적으로 하는 공공 마이데이터

　행정안전부는 2019년 10월 공공부문 자기정보 다운로드 서비스 등을 주요 내용으로 하는 디지털 정부혁신 추진계획을 발표하고 2020년부터 공공분야 마이데이터 도입을 본격 추진하고 있다. 공공 마이데이터란 정보주체인 국민이 행정, 공공기관 등이 보유한 본인정보를 컴퓨터 등 정보처리장치로 판독이 가능한 형태로 받아 본인이 직접 다양한 공공·민간 서비스 수혜 등을 목적으로 활용하는 것을 의미한다.

　행정안전부의 공공 마이데이터 활성화 사업은 행정·공공기관이 보유한 데이터를 국민의 자산으로 인식하고 정보주체인 국민이 본인정보를 직접 관리·통제하여 생활 곳곳에서 주도적으로 활용하는 국민의 데이터 주권 강화에 목적을 두고 있다. 현재는 각종 민원서비스 신청을 위해서는 행정기관에서 증명서 등을 발급받아 제출하여야 하나, 공공 마이데이터 서비스가 활성화되면 민원인 본인이 민원신청 사이트에서 구비서류를 데이터 꾸러미 형태로 신청하고 서류가 필요한 행정기관에 관련 증명서 등이 발급·전송되어 원스톱 민원처리가 되는 방식으로 간편해지게 된다.

이를 위해 2020년에 행정안전부는 과학기술정보통신부 등 16개 관계기관과 공공 마이데이터 공동 추진을 위한 업무협약을 체결하고, 서비스에 필요한 데이터의 제공과 정보교류 등을 하기로 약속했다. 2021년 초부터 우선 서비스가 가능한 기관들부터 시범 서비스를 선보이고, 나머지 기관들도 조만간 서비스를 시작할 예정이다. 행정안전부가 2021년 2월 시작한 공공 마이데이터 시범 서비스를 살펴보면 민원인이 행정서비스를 받기 위해 별도 제출해야 했던 여러 행정서류에 대해 단 한 번의 마이꾸러미 전송 동의만으로도 서비스 신청을 할 수 있게 되었다. 소비자가 은행 신용대출이나 신용카드 발급을 신청할 경우 공공 마이데이터 서비스를 이용하면 소득금액 증명, 건강보험자격득실확인서 등의 서류를 별도 제출하지 않아도 된다. 경제적 어려움을 겪는 소상공인이 경영안정에 필요한 소상공인자금신청을 할 때에도 부가가치세과세표준증명, 중소기업확인서 등의 구비서류를 제출하지 않고 신청해 신속한 서비스를 받을 수 있게 된다.

지방자치단체 차원에서도 공공행정서비스의 품질을 높이기 위해 개인정보를 이용하는 시도가 이어지고 있다. 서울시는 이용자가 토큰 등의 대가를 받고 제공한 공공교통시설 이용 경로 데이터를 기반으로 재난알림서비스를 확대하는 '포스트 코로나19 대비 공공교통수단 클린이용 서비스'를 시범 개발하고 있고, 부천시 등이 멤버로 참여한 데이터 얼라이언스 컨소시엄도 개인 통합교통서비스 데이터를 대중교통 사각지대 해소와 교통수단 최적 재배치를 위해 이용하는 방안을 찾고 있다.

정부는 공공 마이데이터의 원활한 추진과 활용을 위해 「민원처리법」을 개정해 정보주체가 공공기관으로부터 민원처리기관에 자료 전송을 요구

공공 마이데이터 시범서비스 내용

서비스명	주요내용	이용방법	시행기관
나의 건강기록 마이꾸러미	공공기관이 보유 중인 개인 건강기록 정보를 확인할 수 있도록 지원	'나의건강기록(PHR)' (구글스토어) → 건강검진, 예방접종, 진료이력, 투약정보 등 확인 가능	보건복지부 (한국보건의료 정보원)
은행신용대출 마이꾸러미	대출 신청자의 신용만으로 금융회사에서 대출하는 서비스	각 은행별(온/오프라인) → 신용대출 신청하기	한국신용 정보원
신용카드신청 마이꾸러미	개인이 신용카드 발급을 신청하는 서비스	각 카드사별(온/오프라인) → 신용카드발급 신청하기	
개인채무조정 마이꾸러미	과중 채무자의 채무감면, 상환기간 연장을 통한 안정적인 채무상환을 지원해주는 서비스	이용자가 방문하여 정보제공 사전동의서 작성 후 개인채무조정 상담에 활용	신용회복 위원회
소상공인자금 신청 마이꾸러미	소상공인들에 대한 정책자금 융자로 자금을 융통해주는 서비스	'소상공인정책자금' (ols.sbiz.or.kr) → 자금신청절차 진행시 동의 기반으로 업무시스템에서 처리	소상공인시 장진흥공단
청약홈 마이꾸러미	주택을 분양 받으려 하는 사람에게 온라인 주택청약 신청을 지원해주는 서비스	'한국부동산원 청약홈' (applyhome.co.kr) → 청약신청하기	한국 부동산원
경기 일자리정책 고용보험확인 마이꾸러미	경기도 내 고용보험 가입여부에 따라 일자리정책을 간편신청 할 수 있는 서비스	'일자리지원사업 통합접수 시스템' (apply.jobaba.net) →일자리사업별 '신청' 버튼	경기도 일자리재단
경기 일자리정책 거주정보확인 마이꾸러미	경기도 내 거주여부 및 거주기간에 따라 면접정장 대여 등을 간편 신청 할 수 있는 서비스	'일자리지원사업 통합접수 시스템' (apply.jobaba.net) →일자리사업별 '신청' 버튼	

출처: 행정안전부 보도자료, 2021.2.25.

할 수 있는 근거를 확립하였다. 민원 업무 외에도 공공 마이데이터 활용을 확대할 수 있도록 행정정보를 제3자에게 제공하도록 하는 내용으로 「전자정부법」도 개정하였다. 이러한 공공 마이데이터 서비스는 정보주체인 국민이 행정·공공기관이 보유한 자기정보를 주도적으로 활용함으로써 디지털 환경에서 자기정보결정권을 강화하고 국민의 편익과 편의성도 크게 높일 것으로 예상된다.

개인주도 의료 데이터 이용 활성화와
의료 마이데이터

데이터 경제의 시대를 맞아 금융 데이터와 더불어 가장 크게 주목을 받고 있는 것이 의료 데이터이다. 금융과 의료는 양질의 데이터가 쌓여 있으면서 실생활과도 밀접하게 관련되어 정보주체가 데이터의 중요성을 쉽게 체감할 수 있는 분야이다. 앞에서 살펴본 바와 같이 금융분야에서는 데이터 활용 정책이 적극 추진되고 있고, 이에 따라 개인정보의 활용을 통한 새로운 서비스의 출현이 가시화되고 있지만, 의료분야는 상황이 좀 다르다.

우리나라는 건강보험 제도 등을 통해 전 국민의 의료정보가 잘 축적되어 있고, 표준화도 잘 되어 있어 해외 어느 나라보다 데이터 활용에 유리한 상황이다. 하지만 개인의료정보의 거래, 활용은 법적인 제약을 많이 받고 있다. 현재까지는 의료 데이터 활용이 연구목적 등 제한된 목적을 위해서만 허용되고 있고, 온라인 정보를 활용한 의료 관련 서비스의 많은 부분이 원격의료행위로 간주되어 의료법상 금지되어 있다.

의료 데이터의 활용에 관한 정부의 정책 방향은 2019년 12월에 발표된

'개인주도형 의료 데이터 이용 활성화 전략'[1]에서 엿볼 수 있다. 이는 4차 산업혁명위원회의 디지털 헬스케어 특별위원회가 수립한 것으로 개인 주도 의료 데이터 활용을 통해 의료 서비스를 혁신하고 국민 건강을 증진하는 것이 목적이다. 개인 중심 의료 데이터 통합·활용을 위해 2021년 3월에 〈나의 건강 기록 앱〉을 출시하였다. 이는 개인이 진료 이력, 건강검진 이력, 투약 이력, 예방접종 이력을 조회·저장·공유를 가능하게 하는 서비스이다. 본격적인 제3자 전송과 공공기관, 의료기관, 웨어러블기기 등의 다양한 의료 데이터의 확보와 융합이 필요한데 〈마이헬스웨이 플랫폼〉[2]을 통해 그 기반을 마련하고 있다.

과학기술정보통신부가 주관하는 마이데이터 실증서비스 사업에서는 2019년 3건, 2020년 2건, 2021년 3건의 의료 마이데이터 서비스가 과제로 선정되었다. 2019년 선정과제는 맞춤형 건강관리서비스인 헬스톡포미와 개인건강지갑서비스인 퍼스터, 개인 맞춤코칭서비스 마이헬스데이터, 2020년 선정과제는 분산원장증명 기반의 의료 마이데이터 유통 플랫폼과 개인·의료·건강 데이터를 활용한 맞춤형 홈케어 서비스였고, 2021년에는 만성콩팥병의 전국망 마이헬스데이터, '마이헬스링크' 플랫폼을 통한 건강관리 올인원 서비스, 헬스케어 마이데이터 기반 만성질환 예방 및 관리 서비스가 선정되었다. 매년 다양한 산업 분야에서 8개 정도의 과제를 선정하였는데 그중 3분의 1이 의료분야 과제였던 것만으로도 의료 분야의 마이데이터 활용 가능성과 잠재력을 확인할 수 있다.

의료분야 마이데이터 실증서비스 과제

연도	과제	수행기관	서비스 내용
2019	의료 마이데이터 플랫폼 및 검진데이터 활용 건강관리 서비스(헬스톡포미)	강남세브란스병원, CJ 프레시웨이, 에쓰푸드, 아름정보기술	건강검진·처방전을 스마트폰에 저장·관리하고 라이프로그데이터(걸음 수, 운동량, 수면시간)와 융합분석한 건강관리 시각화서비스, 맞춤형 건강관리 서비스, 영양관리 및 건강식 추천·주문 서비스를 제공
	응급상황을 위한 개인건강지갑 서비스(퍼스터)	VTW, 삼성서울병원, 서울아산병원, 동아대학교병원	응급환자가 응급진료기록 및 일상생활 속 건강기록을 보관하고 진료와 처방에 활용할 수 있는 개인건강지갑 서비스
	마이헬스데이터 플랫폼 및 서비스 실증	서울대학교 병원, 차의과대학교 산학협력단, 메디블록, 웰트, 삼성화재	환자가 동의한 개인의료정보 기반의 건강정보 교류 플랫폼 상에서 라이프로그 데이터와 융합하여 개인 맞춤 코칭서비스 및 보험간편신청 서비스를 제공
2020	분산원장증명(DID) 기반 의료 마이데이터 유통 플랫폼	농심데이터, 유투바이오, 약학정보원, 교보생명 등	전자처방전을 개인데이터저장소에 저장해 스스로 정보를 관리하여, 중복검사를 억제하고 맞춤형 자가 건강관리 서비스를 제공
	마이데이터 플랫폼 기반의 개인·의료·건강 데이터를 활용한 맞춤형 홈케어 서비스	(주) 평화이즈, 가톨릭대학교산학협력단, 경희의료원, 메디플러스 등	개인 건강검진 및 의료처방 데이터를 앱을 통해 스스로 관리하며 유전자 분석, 정신건강·생활습관 관리 등 개인 맞춤형 홈케어서비스를 제공
2021	만성콩팥병의 전국망 마이헬스데이터	서울대학교산학협력단, 강원대병원, 고려대 산학협력단, 넥스트도어 등	만성콩팥병 환자 데이터 기반 개인 맞춤형 서비스(맞춤 식단, 운동 코칭 등) 및 신약개발 임상시험 매칭 서비스 제공
	'마이헬스링크' 플랫폼을 통한 건강관리 올인원 서비스	(주) 에비드넷, 강동경희대병원, 강동성심병원, 강릉아산병원, 강원대병원 등	중·대형병원 환자 의료 데이터를 표준화 및 통합하여 '마이헬스링크' 플랫폼을 구축, 개인 통합 의료 데이터를 제3자(의료진, 활용기관 등)에게 중개
	헬스케어 마이데이터 기반 만성질환 예방 및 관리서비스	(주) 아이크로진, 네이버 클라우드, 부산대병원, 웰트, 제이엘케이 한국마이크로의료로봇연구원	임상기록, 개인건강기록, 유전체정보 등의 의료 데이터를 활용하여 헬스케어 플랫폼 구축 및 만성질환 예방·관리 서비스 제공

출처: 과학기술정보통신부 보도자료 [3,4,5]

마이데이터 기반의 의료 데이터 활용에 대한 논의와 시범 서비스가 정부와 민간 모두에서 활발해지고 있지만, 금융데이터의 경우와 같이 관련 법률에 정보주체의 전송요구권 같은 법적 권리가 명확히 되어야 의료 데이터의 본격 활용과 혁신적인 서비스의 등장이 가능할 것으로 예상된다.

마이데이터 서비스의 실증이 진행 중인
유통/통신/에너지 마이데이터

앞에서 살펴본 산업 분야 이외에 유통, 통신, 에너지 등도 개인정보를 활용해 서비스를 개선할 수 있는 가능성이 큰 분야이다. 실제로 해외에서도 이러한 분야에서 개인의 이용기록을 활용해 이용 특성에 맞게 개인화된 맞춤형 서비스를 추천하고, 가격을 비교하는 등의 이용 사례들을 엿볼수 있다. 하지만 우리나라에서는 아직 이러한 분야만을 위한 특화된 정책이 따로 있는 것도 아니고 이들 분야에서의 독자적인 활용 사례는 많이 알려져 있지 않다. 활용사례를 언급하자면 2019~2021년 과학기술정보통신부에서 실시한 마이데이터 실증 서비스에서 에너지, 유통, 교통 등 분야에서 7개 과제가 선정되었던 정도이다.

이들 분야에서 마이데이터 활용이 더딘 가장 큰 이유는 데이터 보유자의 의무사항에 대한 법적인 토대가 불확실하다는 것이지만 이외에도 이 분야에서의 국내 시장이 과점 상태에 있거나, 개인이 여러 데이터 보유·처리자와 거래 관계에 있지 않아 한 분야의 개인 데이터를 한 곳에 모으는 것이 개인 입장에서 크게 유용하지 않다는 점도 이유로 들 수 있다.

현 시점에서는 먼저 주목을 받고 있는 금융 마이데이터와 타 분야 데이터의 연계에 관심이 쏠리고 있다. 통신사업자가 보유한 데이터 중 통신료 납부정보, 소액결제정보 등은 개인의 신용도를 판단하는 데 도움을 줄 수 있는 신용정보로 금융 마이데이터의 일부이지만, 그 외의 통신정보(예를 들면 요금제 정보)도 유용한 신규 서비스를 만들어 낼 수 있는 매력적인 정보이다. 유통사업자의 경우도 마찬가지로, 전자상거래 주문내역과 같은 정보는 금융정보와 결합하면 활용도가 매우 높은 정보가 될 것으로 기대된다.

실제로 우리은행과 롯데멤버스가 디지털 금융혁신 업무협약을 체결해 융복합 금융상품 개발, 디지털 플랫폼 구축 등의 사업에 협력하고 있고, 신한은행, LG 유플러스, CJ 올리브네트웍스는 마이데이터 공동 프로젝트 업무협약을 체결해 고객이 개인 데이터를 관리하고 관련 서비스를 받을 수 있는 플랫폼을 추진 중인 것으로 알려져 있다.[6]

기타분야 마이데이터 실증서비스 과제

연도	분야	과제	수행기관	서비스 내용
2019	에너지	사용자 맞춤형 에너지 절감 서비스	다음소프트, 세종시, 에이엠에이 닷컴, 유디아이	세종시 주민 대상 에너지 데이터 수집 및 에너지 수급예측, 맞춤형 서비스 구현
	유통	개인데이터저장소 기반 소상공인 마케팅 서비스	한국신용데이터, 신한카드	사업장 정보를 활용한 소상공인 경영개선, 개인 대상 할인·이벤트 정보 제공
	유통	소상공인 성장지원 문서·자금 플랫폼 서비스	한국기업데이터, 한국전자세제협회, 비즈니스온 커뮤니케이션, 기웅정보통신	소상공인(개인사업자)을 위한 정책자금 매칭 등 종합경영관리 서비스 제공
	기타	연구자를 위한 매칭 및 분석서비스	코난테크놀로지, 국회도서관	국회도서관으로부터 수집된 학술 연구자 정보를 활용하여 저작물 통합관리
2020	유통	소상공인 신용평가 기반 상가부동산 가치정보 거래 플랫폼	소상공인연합회	상가 부동산 데이터 수집·유통을 통한 대출연계 소상공인 평가모형으로 점포거래시장의 투명성 제고 및 상권분석 제공, 소상공인 데이터 권익보호와 경제활성화 지원
2021	생활소비	스마트 생활 소비를 위한 컨슈머 비서 서비스	KT, 비씨카드, 스마트로, 아톤, 포뎁스	통신사 및 카드결제 데이터 분석을 통한 소비자 맞춤형 상권분석, 가격변화추이, 포인트 제공 서비스
	교통	마이데이터 기반 안심대리운전 서비스 개발	인플랩, 7080대리운전, 교통안전환경연구소, 아롬정보기술, 한국교통안전공단, 한국노총전국연대노동조합, 한국대리운전협동조합, 한국대리운전총연합회	대리운전 기사의 운행데이터, 근로데이터를 활용한 실시간 출도착·위치 알림 및 개인 소득 통합관리 서비스

출처: 과학기술정보통신부 보도자료 [3,4,5]

분야 간 연계를 통한 국내 마이데이터
서비스 전망

    우리나라에서도 금융 분야를 시작으로 본격적인 마이데이터의 시대가 열리고 있다. 마이데이터가 활성화됨으로써 기업들이 개인정보를 적극적으로 활용할 수 있을 것이라는 기대감이 커지고 있다. 나아가서 금융 이외의 분야에서도 확실한 법적 근거 위에 마이데이터를 추진할 수 있도록 「개인정보 보호법」을 개정하기 위한 논의도 이루어지고 있다. 하지만 아직은 금융, 공공 분야 정도만이 본격적인 서비스를 준비하고 있는 단계라 할 수 있으며 마이데이터의 성패는 이들 선도 분야에서 얼마나 새로운 사업모델과 의미 있는 성공사례가 나오느냐에 달려 있다.

    현재는 금융, 의료, 공공 등 각 산업 분야별로 산업 내 연계가 활발히 시도되고 있고, 분야별의 한계를 넘어 타 분야와의 연계를 위한 노력도 이어지고 있다. 공공과 금융분야의 분야별 마이데이터 중계 허브역할을 각각 행정안전부와 신용정보원이 수행하면서, 두 분야의 데이터를 직접 전송하여 연계할 수 있도록 하는 서비스를 추진 중이며, 향후에는 의료, 교육, 통신 등 타 분야에서도 분야별 허브를 중심으로 공공 마이데이터와 이종 데이터 연계가 가능하도록 연계범위를 점진적으로 확대할 것으로 전망된다.

이러한 분야 간의 연계는 공공과 타 분야 사이에서만 이루어지지는 않을 것이다. 4차산업혁명위원회가 2021년 6월 발표한 마이데이터 발전 종합정책에 따르면 정부는 우선 분야별로 다양하게 국민이 체감할 수 있는 서비스를 제공하는 데 주력하고, 향후 모든 분야에서 마이데이터 준비가 완료되면 분야 간 표준화된 형태로 연계가 가능하도록 분야별 표준연계를 추진하는 순서로 추진할 전망이다. 각 분야 내에서의 마이데이터 체계가 성숙되면, 분야별 허브간 연계가 활성화되면서 금융－의료, 유통－통신 등 여러 조합의 이종 데이터 연계를 통한 새로운 사업모델이 출현할 것이라 생각된다.

정보주체의 입장에서도 마이데이터의 가치가 금융·유통·통신 등 어느 한 분야의 데이터만을 활용하는 것이 아니라 개인이 이용하는 모든 서비스 관련 정보를 융합해서 활용하는 데에 있는 만큼, 앞으로 체계적인 융합 마이데이터 활성화 정책이 나오기를 고대한다.

PART 3

마이데이터 관련
법제도와 기술

7 | 장

마이데이터 관련 법제도

데이터 이용에 관한 규제 혁신과 개인정보 보호 거버넌스 체계 정비 문제를 해결하기 위한 데이터 3법(「개인정보 보호법」, 「정보통신망법」, 「신용정보법」) 개정안이 2020년 1월 국회를 통과하였다. 데이터 3법 개정을 통해 우리나라에서 마이데이터 사업이 금융분야에서 처음으로 법률적 기반을 갖게 되었다. 이후 다른 분야에서도 '데이터 이동권'을 통해 개인정보 자기결정권을 확대하는 법률 개정이 추진되었다. 현재 우리나라에서 시행되고 있는 마이데이터 관련 법률에는 「개인정보 보호법」, 「신용정보법」, 「민원처리법」, 「전자정부법」 등이 있다. 「신용정보법」의 '전송요구권'과 '본인신용정보관리회사' 조항을 기반으로 본격적인 금융분야 마이데이터가 시작되게 되었다. 공공분야에서는 「민원처리법」에 신설된 '민원인의 요구에 의한 본인정보 공동이용' 조항과 「전자정부법」에 신설된 '정보주체 본인에 관한 행정정보의 제공요구권' 조항을 기반으로 공공 마이데이터 서비스가 시범적으로 시행되고 있고 점차 확대될 예정이다.

이번 장에서는 마이데이터와 관련된 법제도에 대하여 설명한다. 개인정보 보호와 활용 관련 법률인 「개인정보 보호법」, 「신용정보법」, 그리고 EU GDPR의 관련 법조항을 통해 개인정보 자기결정권, 개인정보 처리의 적법성, 동의제도 등을 설명한다. 그리고 정보주체의 열람요구권과 정보 이동권을 설명한다. 또한 마이데이터 관련 기타제도와 법률적 논쟁 이슈를 설명한다.

우리는 개인정보의 처리에 대해 스스로 결정할 권리를 갖고 있다

개인정보 자기결정권

우리는 자신의 개인정보에 대한 자기결정권self-determination right을 갖고 있다. 개인정보 자기결정권은 자신에 관한 정보가 언제 누구에게 어느 범위까지 알려지고 또 이용되도록 할 것인지를 정보주체인 개인 스스로 결정할 수 있는 권리, 즉 정보주체가 개인정보의 공개와 이용에 관하여 스스로 결정할 권리를 말한다.[1] 개인정보 자기결정권은 헌법이나 법률에 명시된 권리는 아니나, 헌법 제10조와 제17조에 기초하여 인격권personality right의 하나로 보편적으로 인정되는 권리로서, 개인정보 보호법의 개념적 토대를 이루고 있다.[2]

> **헌법(제10조)** 모든 국민은 인간으로서의 존엄과 가치를 가지며, 행복을 추구할 권리를 가진다. 국가는 개인이 가지는 불가침의 기본적 인권을 확인하고 이를 보장할 의무를 진다.
>
> **헌법(제17조)** 모든 국민은 사생활의 비밀과 자유를 침해 받지 아니한다.

「개인정보 보호법」은 "개인정보의 처리 및 보호에 관한 사항을 정함으로써 개인의 자유와 권리를 보호하고, 나아가 개인의 존엄과 가치를 구현함을 목적으로 한다[3]"고 규정하고 있다. 「개인정보 보호법」이 보호하고자 하는 것은 개인정보 그 자체라기보다는 개인정보에 대한 개인의 권리, 즉 개인정보 자기결정권인 것이다.[2]

개인정보 자기결정권이 개인정보에 대한 소유권을 의미하지는 않는다. 개인정보에 대한 개인의 데이터 소유권data ownership이라는 용어가 널리 사용되기는 하나, 이 용어가 법률적 의미의 소유권ownership right over things을 의미하지는 않는다. 법률적 의미의 소유권은 사용, 수익, 처분 권능이 배타적으로 지배 가능한 물건에 대한 것이다. 데이터가 배타적으로 지배 가능한 물건인지에 대한 법률적 논쟁이 존재한다. 개인정보 자기결정권은 소유에 대한 권리가 아니라, 개인정보 처리행위에 대한 개인의 권리이다. 「개인정보 보호법」은 정보주체의 동의권, 열람요구권, 처리정지요구권, 정정·삭제요구권, 구제권 등의 권리를 보장한다.[3] 이들 권리들은 직접적 또는 간접적으로 개인정보 자기결정권을 실현할 수 있도록 하는 권리들이다.[2]

「개인정보 보호법」 제4조(정보주체의 권리)

정보주체는 자신의 개인정보 처리와 관련하여 다음 각호의 권리를 가진다.

1. 개인정보의 처리에 관한 정보를 제공받을 권리

2. 개인정보의 처리에 관한 동의 여부, 동의 범위 등을 선택하고 결정할 권리

3. 개인정보의 처리 여부를 확인하고 개인정보에 대하여 열람(사본의 발급을 포함한다. 이하 같다)을 요구할 권리

4. 개인정보의 처리 정지, 정정·삭제 및 파기를 요구할 권리

5. 개인정보의 처리로 인하여 발생한 피해를 신속하고 공정한 절차에 따라 구제받을 권리

「개인정보 보호법」 제4조(정보주체의 권리)

개정안 입법예고; 개인정보보호위원회 제2021-1호(2021.1.6)

3. 개인정보의 처리 여부를 확인하고 개인정보에 대하여 열람(사본의 발급을 포함한다. 이하 같다) 및 전송을 요구할 권리(개정)

6. 자동화된 개인정보 처리에만 의존하는 의사결정으로부터 중대한 영향을 받지 않을 권리(신설)

마이데이터 관련 법률

개인정보의 처리행위를 정보주체인 개인이 주도적으로 행사하는 개인 정보 자기결정권은 여러 법률에서 대상 범위와 구체적인 권리의 형태를 달리하여 정의되어 있다. 국내 데이터 관련 법률들에는 「개인정보 보호 법」, 「신용정보법」, 「전자정부법」, 「공공데이터법」, 「민원처리법」, 「데이터 기반행정법」, 그리고 「데이터기본법」 등이 있다.(〈표 데이터 관련 법률〉 참조)

개인정보에 관한 가장 기본이 되는 일반법은 「개인정보 보호법」으로, 개

인정보 보호에 관해서는 다른 법률에 특별한 규정이 없는 한 「개인정보 보호법」(제6조)이 우선 적용된다.[3] 금융 관련 정보인 개인의 신용정보에 관해서는 「신용정보법」이, 개인의 공공정보에 대해서는 「전자정부법」, 「민원처리법」이, 의료정보에 대해서는 「의료법」이 추가적인 사항들을 정하고 있다.

이들 법률의 대상범위가 조금씩 다르기 때문에 각각의 법이 어느 정보에 적용이 되는지의 관계는 복잡해 보일 수 있다. 우선 개인정보 보호법의 적용대상인 개인정보에는 그 자체로 개인을 알아볼 수 있는 정보와, 다른 정보와 쉽게 결합하여 특정개인을 알아볼 수 있는 가명정보가 모두 포함된다. 다른 정보와 결합하더라도 개인 식별이 더 이상 불가능한 정보인 익명정보는 이에 포함되지 않는다.

금융거래 등에서 거래상대방의 신용도를 판단할 때 필요한 정보인 신용정보[4]는 정보주체가 개인인지, 혹은 기업 및 법인인지에 따라 개인정보(개인신용정보)일 수도 있고, 개인정보가 아닐 수도 있다(기업/법인신용정보). 또한 정부와 공공기관이 보유한 정보들 중에서도 개인식별이 가능한 개인 공공 데이터가 있다. 데이터 범위와 법률들과의 관계를 개념적으로 도식화하여 요약하면 〈그림 마이데이터 관련 법률〉과 같다.

데이터 관련 법률

법령	목적	대상 데이터	주관 부처
개인정보 보호법	개인정보의 처리 및 보호에 관한 사항을 정함으로써 개인의 자유와 권리를 보호하고, 나아가 개인의 존엄과 가치를 구현함	개인 데이터	개인정보보호위원회
신용정보의 이용 및 보호에 관한 법률(신용정보법)	신용정보 관련 산업을 건전하게 육성하고 신용정보의 효율적 이용과 체계적 관리를 도모하며 신용정보의 오용·남용으로부터 사생활의 비밀 등을 적절히 보호함으로써 건전한 신용질서를 확립하고 국민경제의 발전에 이바지함	신용 데이터	금융 위원회
전자정부법	행정업무의 전자적 처리를 위한 기본원칙, 절차 및 추진방법 등을 규정함으로써 전자정부를 효율적으로 구현하고, 행정의 생산성, 투명성 및 민주성을 높여 국민의 삶의 질을 향상시키는 것	공공 데이터	행정 안전부
공공 데이터의 제공 및 이용 활성화에 관한 법률(공공 데이터법)	공공기관이 보유·관리하는 데이터의 제공 및 그 이용 활성화에 관한 사항을 규정함으로써 국민의 공공 데이터에 대한 이용권을 보장하고, 공공 데이터의 민간 활용을 통한 삶의 질 향상과 국민경제 발전에 이바지함	공공 데이터	행정 안전부
민원 처리에 관한 법률(민원처리법)	민원 처리에 관한 기본적인 사항을 규정하여 민원의 공정하고 적법한 처리와 민원행정제도의 합리적 개선을 도모함으로써 국민의 권익을 보호함	개인 공공 데이터	행정 안전부
데이터기반 행정 활성화에 관한 법률(데이터기반행정법)	데이터를 기반으로 한 행정의 활성화에 필요한 사항을 정함으로써 객관적이고 과학적인 행정을 통하여 공공 기관의 책임성, 대응성 및 신뢰성을 높이고 국민의 삶의 질을 향상시키는 것	공공 데이터	행정 안전부
데이터 산업진흥 및 이용촉진에 관한 기본법(데이터기본법)	데이터의 생산, 거래 및 활용 촉진에 관하여 필요한 사항을 정함으로써 데이터로부터 경제적 가치를 창출하고 데이터산업 발전의 기반을 조성하여 국민생활의 향상과 국민경제의 발전에 이바지함	민간 데이터	과학기술 정보통신부

마이데이터 관련 법률

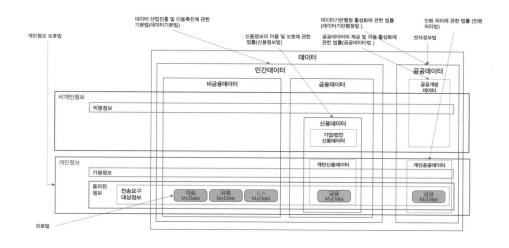

　정보주체의 개인정보 자기결정권을 실제적이며 효율적으로 보장하기 위해서는 법률로써 정보주체의 전송요구권을 보장하고, 동시에 개인정보 처리자에게 적절한 범위와 방법의 전송의무를 규정하는 것이 필요하다. 마이데이터의 핵심 근거가 되는 정보이동권에 관한 조항 관련 사항은 〈표 정보이동권 관련 법률 현황〉과 같다.

　「신용정보법」에서 개인신용정보에 대한 전송요구권을 부여한 것처럼 의료법 등 각 부문별 법률에 전송요구권 조항을 신설할 것이 바람직한가 아니면 일반법인 「개인정보 보호법」에 신설할 것이 바람직한가에 대한 논쟁이 있어왔다. 또한 모든 영역에서 사업자에게 전송의무를 강제적으로 부여하는 것이 타당한 것인가에 대한 논란도 여전히 존재한다. 4차산업혁명위원회가 21년 6월 '마이데이터 발전 종합대책'을 통해 마이데이터 관련 법 체계를 「개인정보 보호법」으로 일원화하기로 함에 따라, 전송요구권 및 전송의무 조항을 포함하여 「개인정보 보호법」이 조만간 개정되어질 것으로 예상된다.

정보이동권 관련 법률 현황

법령	정보이동권 관련 조항
개인정보 보호법	제4조(정보주체의 권리) 전송권 포함 (개정입법예고)
신용정보의 이용 및 보호에 관한 법률(신용정보법)	제33조2(개인신용정보의 전송요구) [신설 2020. 2. 4.] 본인신용정보관리업
전자정부법	제43조의2(정보주체 본인에 관한 행정정보의 제공요구권) [공포 2021.06. 08] [시행 2021.12.9]
민원 처리에 관한 법률 (민원 처리법)	제10조의2(민원인의 요구에 의한 본인정보 공동이용) [신설 2020.10. 20] [시행 2021.10. 21]
의료법	제21조(기록 열람 등) 제5항 환자 또는 환자가 아닌 다른 사람에게 기록의 내용을 확인 가능 [신설 2020. 3. 4.]

개인정보 처리의 적법성

「개인정보 보호법」에서는 개인정보의 수집, 생성, 연계, 연동, 기록, 저장, 보유, 가공, 편집, 검색, 출력, 정정, 복구, 이용, 제공, 공개, 파기, 그 밖에 이와 유사한 행위를 모두 포괄하는 개념으로 '처리'라는 용어를 사용하고 있다. '그 밖에 이와 유사한 모든 행위'에는 개인정보의 전송, 전달,

이전, 열람, 조회, 수정, 보완, 삭제, 공유, 보전, 파쇄 등이 포함된다.[3] 「신용정보법」에서도 '처리'의 정의가 유사하나 '조사'와 '결합'을 명시적으로 포함하여 정의하고 있다. [4]

「개인정보 보호법」제2조(정의)

2. '처리'란 개인정보의 수집, 생성, 연계, 연동, 기록, 저장, 보유, 가공, 편집, 검색, 출력, 정정(訂正), 복구, 이용, 제공, 공개, 파기(破棄), 그 밖에 이와 유사한 행위를 말한다.

「신용정보법」제2조(정의) 제13호

'처리'란 신용정보의 수집(조사를 포함한다. 이하 같다), 생성, 연계, 연동, 기록, 저장, 보유, 가공, 편집, 검색, 출력, 정정(訂正), 복구, 이용, 결합, 제공, 공개, 파기(破棄), 그 밖에 이와 유사한 행위를 말한다.

모든 개인정보 처리는 정보주체의 동의 등 법적근거를 갖고 적법하게 이루어져야 한다. 법적근거로는 정보주체의 동의, 계약, 법적의무 이행, 정보주체 중대한 이익보호, 공공의 이익, 적법한 이익 추구 등을 들 수 있다. 「개인정보 보호법」(제15조제1항)은 다음의 경우에 개인정보를 수집할 수 있으며, 그 수집 목적의 범위에서 이용할 수 있다고 규정하고 있다.

- 정보주체의 동의를 받은 경우
- 법률에 특별한 규정이 있거나 법령상 의무를 준수하기 위해 불가피한 경우
- 공공기관이 법령 등에서 정하는 소관업무 수행을 위해 불가피한 경우
- 정보주체와의 계약 체결·이행을 위해 불가피하게 필요한 경우
- 사전 동의를 받을 수 없는 경우로서 급박한 생명·신체·재산상 이익을 위하여

필요한 경우

- 개인정보처리자의 정당한 이익 달성을 위해 필요한 경우로서 명백하게 정보
주체의 권리보다 우선하는 경우

그리고 「개인정보 보호법」(제17조)은 다음의 경우에 정보주체의 개인정
보를 제3자에게 제공(공유를 포함)할 수 있다고 규정하고 있다.

- 정보주체의 동의를 받은 경우
- 법률이나 법령 근거하에 개인정보를 수집한 목적 범위에서 개인정보를 제공
하는 경우

개인정보를 수집할 때는 그 목적에 필요한 최소한의 개인정보를 수집
하여야 한다. 또한 개인정보의 목적 외에는 이용과 제3자 제공이 제한되
어야 한다. 다음의 특수한 경우에는 수집, 이용, 3자 제공 등에서 개인정
보 처리의 적법성 적용을 제외한다.

- 「통계법」에 따라 수집되는 개인정보
- 국가안전보장과 관련된 정보 분석을 목적으로 수집 또는 제공 요청되는 개인
정보
- 공중위생 등 공공의 안전과 안녕을 위하여 긴급히 필요한 경우로서 일시적으
로 처리되는 개인정보
- 언론, 종교단체, 정당이 각각 취재 · 보도, 선교, 선거 입후보자 추천 등 고유
목적을 달성하기 위하여 수집 · 이용하는 개인정보

- 법률로 따라 공개된 장소에 영상정보처리기기를 설치·운영하여 처리되는 개인정보

- 동창회, 동호회 등 친목 도모를 위한 단체를 운영하기 위하여 개인정보를 처리하는 경우

「개인정보 보호법」 제15조(개인정보의 수집·이용)

❶ 개인정보처리자는 다음 각 호의 어느 하나에 해당하는 경우에는 개인정보를 수집할 수 있으며 그 수집 목적의 범위에서 이용할 수 있다.

1. 정보주체의 동의를 받은 경우

2. 법률에 특별한 규정이 있거나 법령상 의무를 준수하기 위하여 불가피한 경우

3. 공공기관이 법령 등에서 정하는 소관 업무의 수행을 위하여 불가피한 경우

4. 정보주체와의 계약의 체결 및 이행을 위하여 불가피하게 필요한 경우

5. 정보주체 또는 그 법정대리인이 의사표시를 할 수 없는 상태에 있거나 주소불명 등으로 사전 동의를 받을 수 없는 경우로서 명백히 정보주체 또는 제3자의 급박한 생명, 신체, 재산의 이익을 위하여 필요하다고 인정되는 경우

6. 개인정보처리자의 정당한 이익을 달성하기 위하여 필요한 경우로서 명백하게 정보주체의 권리보다 우선하는 경우. 이 경우 개인정보처리자의 정당한 이익과 상당한 관련이 있고 합리적인 범위를 초과하지 아니하는 경우에 한한다.

❷ 개인정보처리자는 제1항제1호에 따른 동의를 받을 때에는 다음 각 호의 사항을 정보주체에게 알려야 한다. 다음 각 호의 어느 하나의 사항을 변경하는 경우에도 이를 알리고 동의를 받아야 한다.

1. 개인정보의 수집·이용 목적 2. 수집하려는 개인정보의 항목 3. 개인정보의 보유 및 이용 기간 4. 동의를 거부할 권리가 있다는 사실 및 동의 거부에 따른 불이익이 있는 경우에는 그 불이익의 내용

❸ 개인정보처리자는 당초 수집 목적과 합리적으로 관련된 범위에서 정보주체에게 불이익이 발생하는지 여부, 암호화 등 안전성 확보에 필요한 조치를 하였는지 여부 등을 고려하여 대통령령으로 정하는 바에 따라 정보주체의 동의 없이 개인정보를 이용할 수 있다.(신설 2020. 2. 4.)

「개인정보 보호법」 제17조(개인정보의 제공)

❶ 개인정보처리자는 다음 각 호의 어느 하나에 해당되는 경우에는 정보주체의 개인정보를 제3자에게 제공(공유를 포함한다. 이하 같다)할 수 있다. 〈개정 2020. 2. 4.〉

　1. 정보주체의 동의를 받은 경우

　2. 제15조제1항제2호·제3호·제5호 및 제39조의3제2항제2호·제3호에 따라 개인정보를 수집한 목적 범위에서 개인정보를 제공하는 경우

❷ 개인정보처리자는 제1항제1호에 따른 동의를 받을 때에는 다음 각 호의 사항을 정보주체에게 알려야 한다. 다음 각 호의 어느 하나의 사항을 변경하는 경우에도 이를 알리고 동의를 받아야 한다.

　1. 개인정보를 제공받는 자

　2. 개인정보를 제공받는 자의 개인정보 이용 목적

　3. 제공하는 개인정보의 항목

　4. 개인정보를 제공받는 자의 개인정보 보유 및 이용 기간

　5. 동의를 거부할 권리가 있다는 사실 및 동의 거부에 따른 불이익이 있는 경우에는 그 불이익의 내용

❸ 개인정보처리자가 개인정보를 국외의 제3자에게 제공할 때에는 제2항 각 호에 따른 사항을 정보주체에게 알리고 동의를 받아야 하며, 이 법을 위반하는 내용으로 개인정보의 국외 이전에 관한 계약을 체결하여서는 아니 된다.

❹ 개인정보처리자는 당초 수집 목적과 합리적으로 관련된 범위에서 정보주체에게 불이익이 발생하는지 여부, 암호화 등 안전성 확보에 필요한 조치를 하였는지 여부 등을 고려하여 대통령령으로 정하는 바에 따라 정보주체의 동의 없이 개인정보를 제공할 수 있다.(신설 2020. 2. 4.)

　　EU GDPR도 「개인정보 보호법」과 유사하게 '처리의 적법성Lawfulness of processing'을 규정하고 있다.[5]

정보주체의 동의

개인정보 처리의 적법성의 가장 기본적인 근거는 정보주체의 동의이다. 즉 동의는 우리나라 개인정보 보호 법제에서 개인정보 자기결정권을 보호하는 핵심적인 수단이다.[2] 개인정보 처리자의 개인정보의 수집·이용 및 제3자 제공의 근거가 되는 정보주체의 동의는 열람요구권, 전송요구권과 함께 조직 간 마이데이터 이동 매커니즘을 가능하게 한다. 동의란 정보주체가 진술 또는 적극적 행동을 통하여 자신의 개인정보 처리에 대한 긍정의 의사를 표현하는 것을 의미한다.[5] 우리나라와 EU는 정보주체의 묵시적implied 동의가 아닌 명확한express 동의나, 명시적explicit 동의를 요구하고 있다. 또한 개별적/구체적specific 사안에 대해 알고 하는Informed 동의를 필요로 한다.

정보주체는 자신의 개인정보 처리와 관련하여 개인정보의 처리에 관한 동의 여부, 동의 범위 등을 선택하고 결정할 권리를 갖는다. 「개인정보 보호법」(제4조)에 따라 동의를 받을 때에는 다음 사항을 정보주체에게 알려야 한다. 1) 개인정보의 수집·이용 목적, 2) 수집하려는 개인정보의 항목, 3) 개인정보의 보유 및 이용 기간, 4) 동의를 거부할 권리가 있다는 사실 및 동의 거부에 따른 불이익이 있는 경우에는 그 불이익의 내용이다. 개인정보처리자는 당초 수집 목적과 합리적으로 관련된 범위에서 대통령령으로 정하는 바에 따라 정보주체의 동의 없이 개인정보를 이용할 수 있다. 「개인정보 보호법」(제15조)

「개인정보 보호법」(2020. 2. 4. 공포, 2020. 8. 5. 시행)은 제6장 '정보통신서비스 제공자 등의 개인정보 처리 등 특례' 제39조의3(개인정보의 수집·이용 동의 등에 대한 특례)조항에서 정보통신서비스 제공자가 이용자의 동의를 받지 않아도 되는 경우로 1) 정보통신서비스의 제공에 관한 계약의 이행을 위하여 필요한 개인정보로서 경제적·기술적인 사유로 통상의 동의를 받는 것이 현저히 곤란한 경우, 2) 정보통신서비스의 제공에 따른 요금정산을 위하여 필요한 경우, 3) 다른 법률에 특별한 규정이 있는 경우로 규정하고 있다. 경제적·기술적인 사유로 통상의 동의를 받는 것이 현저히 곤란한 경우를 예외로 인정한 사유는 정보통신서비스를 제공하는 과정에서는 과금 정보, 통화 사실 기록, 접속 로그, 결제 기록, 이용 정지기록 등과 같은 정보가 계약 이행 과정에서 실시간으로 생성되어 수집되지만 이용자에게 매번 고지하고 동의를 얻는 것이 경제적으로 큰 비용이 들거나 기술적으로 통상의 동의를 받는 것이 현저히 어려운 경우가 많으므로 이용자의 동의 없이도 개인정보를 수집할 수 있도록 한 것이다.[6]

「신용정보법」은 법률에서 예외로 규정한 경우를 제외하고는 개인신용정보의 수집, 제공, 활용, 이용에 대한 동의를 미리 개별적으로 동의를 받아야 한다고 규정하고 있다. 필수적 동의사항과 그 밖의 선택적 동의사항을 구분하여 설명한 후 각각 동의를 받아야 한다. 이 경우 필수적 동의 사항은 서비스 제공과의 관련성을 설명하여야 하며, 선택적 동의사항은 정보제공에 동의하지 아니할 수 있다는 사실을 고지하여야 한다.[6] 또한 활용동의의 내용은 1) 보다 쉬운 용어나 단순하고 시청각적인 전달 수단 등을 사용하여 신용정보주체가 정보활용 동의 사항을 이해할 수 있도록 할 것, 2) 정보활용 동의 사항과 금융거래 등 상거래관계의 설정 및 유지 등에 관한 사항이 명확하게 구분되도록 할 것, 3) 정보를 활용하는 신용정보회사 등이나 정보활용의 목적별로 정보활용 동의 사항을 구분하여 신용정보주체가 개별적으로 해당 동의를 할 수 있도록 할 것(제32조 제4항의 선택적 동의사항으로 한정한다)(제34조의 2)이라고 규정하고 있다.

EU GDPR의 동의는 정보주체가 진술 또는 적극적 행동을 통하여 자신의 개인정보 처리에 대한 긍정의 의사를 표현하는 것을 의미한다. 이때 정보주체의 동의는 '진정한genuine' 것이어야 하며, 이는 형식적인 요건의 충족만으로 달성할 수 없다. 유효한 동의valid consent로 인정받기 위해서는 1) 정보주체에게 자유롭게 부여된 동의이며freely given, 2) 동의의 내용이 개별적으로 구체적이고specific, 3) 정보주체에게 사전에 충분한 정보가 제공되어야 하며informed, 4) 정보주체의 명확한 의사표시unambiguous indication로 동의를 해야 한다. 또한 정보주체가 불이익 없이 언제든지 철회할 수 있도록 보장하여야 한다고 규정하고 있다. '명확한 긍정 행위'란 특정한 처리 행위에 대하여 동의를 의식적 행동으로 표시하는 것을 의미하며, 다음 경우에는 동의를 위한 명확한 표시로 인정될 수 없다고 규정한다. 1) 사전에 선택되어 있는 체크박스pre-ticked boxes를 제시하는 것, 2) 암묵적silence 동의나 부작위inactivity를 동의로 보는 것, 3) 서비스가 제시하는 절차를 동의 의사 표시 없이 단순히 진행하는 것, 4) 일반적 이용 약관에 포괄적 수용blanket acceptance 의사를 표현한 것 등이다.[5]

EU GDPR은 중대한 개인정보보호 위험이 발생하여 정보주체에게 개인정보에 대한 높은 수준의 통제권이 필요하다고 보는 경우 정보주체의 명시적explicit 동의를 요구하고 있다. 개인정보의 종류나 처리 방식으로 인해 개인정보 침해 가능성이 증가할 수 있는 경우에 해당한다.[5] 1) 특별한 유형의 개인정보(민감 개인정보)를 처리할 때(제9조), 2) 프로파일링 등 완전히 자동화된 개인정보의 처리에 기반하여 정보주체에 대한 결정을 내릴 때(제22조), 3) 개인정보의 국외 전송 시, 다른 전송 매커니즘이 존재하지 않는 상황에서 적절한 보호 수준을 제공하지 않는 국가로 개인정보를 전송하는 것을 승인할 때(제49조)이다.

최근 아마존Amazon은 21년 7월 룩셈부르크 국가 데이터 보호 위원회Luxembourg National Commission for Data Protection로부터 개인 데이터 처리

방법에 대한 EU GDPR을 위반한 혐의로 7억 4,600만 유로의 벌금을 부과받았다. 아마존의 광고 타켓팅 시스템advertising targeting system이 사용자의 자유로운 동의free consent 없이 수행되었다고 판단하였기 때문이다.[7] 국내에서도 점차 개인정보 활용에 대하여 보다 높은 수준의 사용자 동의가 요구될 것으로 예상된다.

마이데이터의 법적 기반은
열람요구권과 정보이동권이다

열람요구권

정보주체는 조직이 개인에 대하여 어떤 정보를 보유하고 있고, 어떻게 활용하고 있고, 그 정보는 정확한지 여부를 확인할 수 있어야 한다. 이를 위하여 「개인정보 보호법」(제35조)에는 정보주체가 개인정보처리자 조직에게 개인의 개인정보를 열람하고, 사본의 교부를 요구할 권리를 규정하고 있다. 정보주체가 직접 제공한 개인정보 이외에 제3자 또는 공개된 정보원으로부터 수집한 개인정보, 개인정보처리자가 생산한 개인정보(신용평가, 인사평가, 거래내역, 진료기록 등), 서비스제공 등의 과정에서 자동적으로 생성된 개인정보(수발신, 쿠키, 로그기록 등) 등도 열람요구의 대상이 된다.[6] 정보주체는 가명정보에 대하여는 제35조에 따른 열람 요구권을 행사할 수 없다. (「개인정보 보호법」(제28조의 7)). 개인정보 이용내역 산출 등의 업무에 소요되는 비용을 정보주체에게 청구할 수 있다.[6]

「신용정보법」(제38조)도 신용정보의 열람 및 정정청구 등에 관하여 규정하고 있다. 또한 「신용정보법」(제39조)은 신용정보주체가 1년 이내로서 대통령령으로 정하는 일정한 기간마다 개인신용평가회사로부터 개인신용평점이나 개인신용평점의 산출에 이용된 개인신용정보 등을 1회 이상 무료로 교부받거나 열람할 수 있는 무료열람권을 규정하고 있다.

「개인정보 보호법」 제35조(개인정보의 열람)

❶ 정보주체는 개인정보처리자가 처리하는 자신의 개인정보에 대한 열람을 해당 개인정보처리자에게 요구할 수 있다.

❷ 제1항에도 불구하고 정보주체가 자신의 개인정보에 대한 열람을 공공기관에 요구하고자 할 때에는 공공기관에 직접 열람을 요구하거나 대통령령으로 정하는 바에 따라 보호위원회를 통하여 열람을 요구할 수 있다.

❸ 개인정보처리자는 제1항 및 제2항에 따른 열람을 요구받았을 때에는 대통령령으로 정하는 기간 내에 정보주체가 해당 개인정보를 열람할 수 있도록 하여야 한다. 이 경우 해당 기간 내에 열람할 수 없는 정당한 사유가 있을 때에는 정보주체에게 그 사유를 알리고 열람을 연기할 수 있으며, 그 사유가 소멸하면 지체 없이 열람하게 하여야 한다.

❹ 개인정보처리자는 다음 각 호의 어느 하나에 해당하는 경우에는 정보주체에게 그 사유를 알리고 열람을 제한하거나 거절할 수 있다.

1. 법률에 따라 열람이 금지되거나 제한되는 경우 2. 다른 사람의 생명·신체를 해할 우려가 있거나 다른 사람의 재산과 그 밖의 이익을 부당하게 침해할 우려가 있는 경우 3. 공공기관이 다음 각 목의 어느 하나에 해당하는 업무를 수행할 때 중대한 지장을 초래하는 경우 가. 조세의 부과·징수 또는 환급에 관한 업무 나. 「초·중등교육법」 및 「고등교육법」에 따른 각급 학교, 「평생교육 법」에 따른 평생교육시설, 그 밖의 다른 법률에 따라 설치된 고등교육 기관에서의 성적 평가 또는 입학자 선발에 관한 업무 다. 학력·기능 및 채용에 관한 시험, 자격 심사에 관한 업무 라. 보상금·급부금 산정 등에 대하여 진행 중인 평가 또는 판단에 관한 업무 마. 다른 법률에 따라 진행 중인 감사 및 조사에 관한 업무

❺ 제1항부터 제4항까지의 규정에 따른 열람 요구, 열람 제한, 통지 등의 방법 및 절차에 관하여 필요한 사항은 대통령령으로 정한다.

정보이동권

마이데이터 이동을 위한 가장 효과적인 법적 권리인 정보이동권에 대한 관심이 높아지고 있다. 정보이동권은 정보주체에게 전송을 요구하는 권리(다운로드권)과 제3자에게 전송을 요구하는 권리(전송요구권)으로 구분하여 볼 수 있다.

EU GDPR은 개인정보이동권Right to data portability에 대하여, "정보주체는 컨트롤러에게 제공한 자신에 관한 개인정보를 제공받을 권리가 있다. 또한 그 정보를 다른 컨트롤러에게 이전할 수 있다."고 규정하고 있다. 개인정보이동권을 위하여 개인정보를 제공할 때는 상호운용성interoperability을 보장할 수 있어야 한다. 정보주체는 CSV 형식을 포함하여 '구조적이며 보편적으로 사용되는 기계 판독이 가능한 형태'로 제공받을 수 있다. 정보주체의 요구가 있고 기술적으로 가능한 경우에 해당 개인정보를 한 컨트롤러에서 다른 컨트롤러로 직접 전송할 수 있다. EU GDPR의 이동권 규정은 실시간 전송을 반드시 요구하고 있지는 않고, 이전 요구를 받은 때로부터 1개월 이내에 관련 조치를 이행하여야 한다고 규정하고 있다. 이에 따르면, 개인은 관련정보를 직접 받아서(다운로드권) 본인이 활용하든지 다른 회사에 줄 수도 있고, 개인정보를 현재 보유한 회사가 다른 회사로 직접 이전할 것을 요구할 수도 있다(전송요구권).[5]

우리 법률에서는 「신용정보법」에 개인신용정보의 정보이동권이 규정되어 있다. 「신용정보법」의 본인신용정보관리회사의 행위규칙 조항(제22조의9)은 신용정보제공·이용자 등에게 "전송하여야 한다"라고 전송의무를 명확히 규정하고 있고, 「신용정보법」상의 정보이동권은 해당 신용정보주체 본인에게로의 전송과 제3자에게로의 전송을 모두 포괄하여 규정하고 있어, 다운로드권과 전송요구권을 포괄하고 있다고 할 수 있다. EU GDPR과 「신용정보법」의 정보이동권 조항을 비교해 보면, 둘 다 정보주체가 정보주체 본인과 제3자에게로 정보이동을 요구할 수 있는 점은 같지만, 「신용정보법」에서는 이 요구를 받았을 때 전송하는 것이 정보처리자의 의무임을 좀 더 명확히 하고 있다.

「EU GDPR」제20조 개인정보이동권

1. 개인정보주체는 컨트롤러에게 제공한 본인에 관련된 개인정보를 체계적이고, 통상적으로 사용되며 기계 판독이 가능한 형식으로 수령할 권리가 있으며, 개인정보를 제공받은 컨트롤러로부터 방해받지 않고 다른 컨트롤러에게 해당 개인정보를 이동할 권리를 가진다.

   (a) 처리가 제6조(1)의 (a)호나 제9조(2)의 (a)호에 따른 동의나 제6조(1)의 (b)호에 따른 계약을 근거로 하는 경우
   (b) 처리가 자동화된 수단으로 시행되는 경우

2. 제1항에 따른 본인의 개인정보이동권을 행사하는 데 있어, 개인정보주체는 기술적으로 가능한 경우 해당 개인정보를 한 컨트롤러에서 다른 컨트롤러로 직접 이전할 권리를 가진다.

3. 본 조 제1항에 규정된 권리의 행사는 제17조를 침해해서는 안 된다. 해당 권리는 공익을 위해서 또는 컨트롤러에게 부여된 공식권한을 행사하여 이루어지는 업무 수행에 필요한 처리에는 적용되지 않는다.

4. 제1항에 규정된 권리는 다른 개인의 권리와 자유를 침해하지 않아야 한다.

> **「신용정보법」 제33조의2(개인신용정보의 전송요구)** [본조신설 2020. 2. 4.]
>
> ❶ 개인인 신용정보주체는 신용정보제공·이용자등에 대하여 그가 보유하고 있는 본인에 관한 개인신용정보를 다음 각 호의 어느 하나에 해당하는 자에게 전송하여 줄 것을 요구할 수 있다.
>
> 　1. 해당 신용정보주체 본인
>
> 　2. 본인신용정보관리회사
>
> 　3. 대통령령으로 정하는 신용정보제공·이용자
>
> 　4. 개인신용평가회사
>
> 　5. 그 밖에 제1호부터 제4호까지의 규정에서 정한 자와 유사한 자로서 대통령령으로 정하는 자 (이하 생략)

　금융분야 이외의 타부문에서도 마이데이터를 활성화하기 위해서는 신용정보 이외의 개인정보에 대해서 정보이동권이 법률로 규정되는 것이 필요하다. 현재 시행 중인 「개인정보 보호법」은 정보이동권을 규정하고 있지 않다. 입법예고 중인 개인정보 보호법 개정안은 개인정보의 전송요구권 관련 조항을 포함하고 있다. 정부와 공공기관이 보유하고 있는 개인정보에 대해서는 최근 「전자정부법」에서 '정보주체 본인에 관한 행정정보의 제공요구권' 조항을 개정하였다. (공포 2021. 06. 08) (시행 2021. 12. 9.)

> **「개인정보 보호법」 제4조(정보주체의 권리) (개정안 입법예고)**
>
> 정보주체는 자신의 개인정보 처리와 관련하여 다음 각 호의 권리를 가진다.
>
> 　3. 개인정보의 처리 여부를 확인하고 개인정보에 대하여 열람(사본의 발급을 포함한다. 이하 같다) 및 전송을 요구할 권리

「개인정보 보호법」 제35조의2(개인정보의 전송 요구) (개정안 입법예고)

❶ 정보주체는 매출액, 개인정보의 규모 등을 고려하여 대통령령으로 정하는 개인정보 처리자에 대하여 다음 각 호의 요건을 모두 충족하는 경우에 개인정보처리자가 처리하는 자신의 개인정보를 자신, 다른 개인정보처리자 또는 제35조의3제1항에 따른 개인정보관리 전문기관에게로 전송할 것을 요구할 수 있다.

　1. 개인정보가 제15조제1항제1호에 따른 동의나 제15조제1항제4호에 따른 계약에 따라 처리되는 경우 2. 개인정보가 컴퓨터 등 정보처리장치에 의하여 자동화된 방법으로 처리되는 경우

❷ 제1항에 따라 정보주체가 전송을 요구하는 경우에 개인정보처리자는 시간, 비용, 기술적으로 허용되는 합리적 범위 내에서 컴퓨터 등 정보처리장치로 처리 가능하고 통상적으로 이용되는 구조화된 형식으로 전송하여야 한다.

❸ 제1항에 따른 전송 요구로 인하여 다른 사람의 권리나 정당한 이익을 침해하지 말아야 한다.

❹ 제1항 및 제2항에 따른 전송 요구와 전송의 방법 및 절차 등에 관하여 필요한 사항은 대통령령으로 정한다.

「전자정부법」 제43조의2(정보주체 본인에 관한 행정정보의 제공요구권) [본조신설 2021. 6. 8.]

❶ 정보주체는 행정기관등이 정보처리능력을 지닌 장치에 의하여 판독이 가능한 형태로 본인에 관한 행정정보를 보유하고 있는 경우에는 해당 행정기관등의 장으로 하여금 본인에 관한 증명서류 또는 구비서류 등의 행정정보(법원의 재판사무 · 조정사무 및 그 밖에 이와 관련된 사무에 관한 정보는 제외한다. 이하 "본인정보"라 한다)를 본인이나 본인이 지정하는 자로서 본인정보를 이용하여 업무(「민원 처리에 관한 법률」 제10조의2에 따라 처리하는 민원은 제외한다)를 처리하려는 다음 각 호의 자(이하 '제3자'라 한다)에게 제공하도록 요구할 수 있다.

　1. 행정기관등
　2. 「은행법」 제8조제1항에 따라 은행업의 인가를 받은 은행
　3. 그 밖에 대통령령으로 정하는 개인, 법인 또는 단체 (이하 생략)

정보주체가 실질적인 권리를 실현할 수 있으려면, 「신용정보법」에서와 같이 개인정보 처리자에게 명확히 전송의무를 부여할 필요가 있다. 하지만 개인정보 처리자가 전송의무를 실행하기 위해서 과도한 노력과 비용이 발생한다면, 사업규모 등을 고려하여 일정정도 전송의무를 유보하거나 면제하여 주는 것도 필요하다. 관련 이해당사자나 정부부처의 입장을 조율하고, 법률간 중복이나 충돌을 피하면서도 정보주체에게 개인정보이동권을 실제적으로 제공할 수 있는 법적 근거가 만들어지기를 기대해 본다.

마이데이터 관련 사업자는
허가나 지정을 받아야 한다

본인신용정보관리회사

본인신용정보관리회사는 「신용정보법」에서 금융 마이데이터 사업자를 지칭하는 용어이다. 본인신용정보관리업이란 개인인 신용정보주체의 신용관리를 지원하기 위하여 신용정보를 대통령령으로 정하는 방식으로 통합하여 그 신용정보주체에게 제공하는 행위를 영업으로 하는 것을 말한다.(제2조(정의) 제9의 2) 본인신용정보관리회사란 본인신용정보관리업에 대하여 금융위원회로부터 허가를 받은 자를 말한다.(제2조(정의) 제9의 2) 즉, 금융 마이데이터 사업자는 금융위원회로부터 본인신용정보관리업을 할 수 있도록 허가 받은 사업자이다.

본인신용정보관리회사는 고유 업무로 개인 신용정보 통합조회를 제공한다. 본인신용정보관리회사의 겸영 업무는 투자자문업 또는 투자일임업

(「자본시장과 금융투자업에 관한 법률」 제6조제1항제4호 또는 제5호), 전자금융업 (「전자금융거래법」 제28조, 금융상품자문업 (「금융소비자 보호에 관한 법률」 제2조제4호) 등이 있다. 부수업무는 본인에게 하는 데이터 분석 및 컨설팅 업무, 계좌를 제공하는 업무, 전송요구 등 신용정보주체의 권리를 대리 행사하는 업무이다.[8] (제6장. 마이데이터 국내 현황 금융분야 참조)

「신용정보법」 제11조(겸영업무) 일부

❻ 본인신용정보관리회사의 겸영업무는 다음 각 호와 같다.(신설 2020. 2. 4.)

1. 「자본시장과 금융투자업에 관한 법률」 제6조제1항제4호 또는 제5호에 따른 투자자문업 또는 투자일임업(신용정보주체의 보호 및 건전한 신용질서를 저해할 우려가 없는 경우로서 대통령령으로 정하는 경우로 한정한다)
2. 그 밖에 신용정보주체 보호 및 건전한 거래질서를 저해할 우려가 없는 업무로서 대통령령으로 정하는 업무

「신용정보법」 제11조의2(부수업무) 일부

❻ 본인신용정보관리회사의 부수업무는 다음 각 호와 같다.

1. 해당 신용정보주체에게 제공된 본인의 개인신용정보를 기초로 그 본인에게 하는 데이터 분석 및 컨설팅 업무
2. 신용정보주체 본인에게 자신의 개인신용정보를 관리 · 사용할 수 있는 계좌를 제공하는 업무
3. 제39조의3제1항 각 호의 권리를 대리 행사하는 업무
4. 그 밖에 신용정보주체 보호 및 건전한 신용질서를 저해할 우려가 없는 업무로서 대통령령으로 정하는 업무

> **「신용정보법」제39조의3(신용정보주체의 권리행사 방법 및 절차) 제 1항**
>
> ❶ 신용정보주체는 다음 각 호의 권리행사(이하 '열람등요구'라 한다)를 서면 등 대통령령으로 정하는 방법·절차에 따라 대리인에게 하게 할 수 있다.
>
> 1. 제33조의 2 제1항에 따른 전송요구
>
> 2. 제36조 제1항에 따른 고지요구
>
> 3. 제36조의 2 제1항에 따른 설명 요구 및 제2항 각 호의 어느 하나에 해당하는 행위
>
> 4. 제37조 제1항에 따른 동의 철회 및 제2항에 따른 연락중지 청구
>
> 5. 제38조 제1항 및 제2항에 따른 열람 및 정정청구
>
> 6. 제38조의 2 제1항에 따른 통지 요청
>
> 7. 제39조에 따른 무료열람
>
> 8. 제39조의 2 제2항에 따른 교부 또는 열람

지원 전문기관

정보주체의 권리행사를 효과적으로 지원하기 위하여 전송 중계나 통합 조회를 위한 포털, 일괄 삭제 등 기능을 제공하는 지원 전문기관이 필요하다. 금융 마이데이터 분야에서는 금융 마이데이터 중계기관을 두고 있다. 중계기관은 API 요청에 대해 하나 이상의 정보제공자를 대신하여 고객의 개인신용정보를 중계하는 신용정보법상 기관이다. 정보 제공자의 자산이 10조원 이하이며, 해당 업권에서의 점유율이 5% 이하일 경우에는 중계기관을 통하여 본인신용정보관리회사에 개인신용정보를 전송할 수 있도록 하고 있다. 21년 12월 현재, 9개 기관(금융결제원, 신용정보원, 농협중앙회, 수협중앙회, 상호저축은행중앙회, 신협중앙회, 새마을금고중앙회, 코스콤, 행정정보공유센터)이 「신용

정보법」에 근거하여 금융위원회로부터 금융 마이데이터 중계기관으로 지정되어 있다.(「신용정보법」 제22조의 9(본인신용정보관리회사의 행위규칙) 참조)

금융 마이데이터의 경우 신용정보원이 금융 마이데이터 종합포털www.mydatacenter.or.kr[9]을 제공하고 있다. 금융 마이데이터 종합포털은 1) 정보제공자 및 마이데이터서비스의 등록 및 관리 기능, 2) 고객 개인정보 전송요구 내역 일괄 조회 등 마이데이터 서비스, 3) 고객의 개인정보 전송요구를 지원하는 웹 기반 서비스를 제공하는 종합 포털이다. 정보주체는 마이데이터 종합포털을 통해 여러 마이데이터 서비스사업자에 흩어져 있는 개인정보 보유 현황 및 전송내역 등을 일괄로 조회할 수 있다. 그리고 여러 데이터 원천으로부터 정보주체 본인이 일일이 데이터를 직접 수신하는 대신, 포털을 통하여 한 번에 직접 데이터를 다운로드 받을 수 있다. 또한 마이데이터 포털은 데이터 공급자와 서비스 제공자에게 API 요청 시 상호간 자격을 인증하고 식별하기 위해 필요한 자격증명을 발급한다.[9]

개인정보관리 전문기관

「개인정보 보호법」 개정안(개인정보보호위원회 제 2021-13 호 (2021.5.17))은 '개인정보관리 전문기관'을 지정하여, 개인정보의 전송 요구권 행사의 지원, 개인정보의 통합·관리 및 정보주체에 대한 지원, 개인정보의 열람, 정정·삭제, 처리정지 등 정보주체의 권리행사 지원 및 부수하는 업무를 수행할 수 있도록 규정하고 있다. 비금융분야에서도 개인정보관리 전문기관이 지정되어 전송 중계나 통합 포털이 제공되어 마이데이터 생태계가 효율적으로 작동하기를 기대한다.

「개인정보 보호법」 제35조의3(개인정보관리 전문기관)
개정안 입법예고; 개인정보보호위원회 제2021-13호(2021.5.17.)

❶ 보호위원회 및 관계 중앙행정기관의 장은 정보주체의 권리행사를 효과적으로 지원하고 개인정보를 통합·관리하기 위하여 안전성 확보조치 수준, 기술적·재정적 능력 등을 고려하여 안전하고 신뢰할 수 있게 제2항의 업무를 수행할 전문성을 갖춘 자를 전문기관(이하 '개인정보관리 전문기관'이라 한다)으로 지정할 수 있다.

❷ 제1항에 따라 지정된 개인정보관리 전문기관은 다음 각 호의 업무를 수행할 수 있다.
  1. 제35조의 2에 따른 개인정보의 전송 요구권 행사의 지원
  2. 개인정보의 통합·관리·분석 및 정보주체에 대한 지원
  3. 제1호 및 제2호의 업무에 준하는 경우로서 대통령령으로 정하는 업무
  (이하 생략)

개인정보 자율규제단체

개인정보의 활용이 급증하는 디지털 시대에는 정부 주도의 규제만으로는 한계가 있어, 분야별 특성을 반영한 자율보호 활성화 방안이 필요하다. 「개인정보 보호법」 개정안(개인정보보호위원회 제2021-13호 (2021.5.17.))에서는 개인정보 자율규제 업무를 신뢰성 있게 수행할 전문 능력이 있다고 인정되는 협회·단체를 〈개인정보 보호 자율규제단체〉로 지정하여 민간 스스로의 책임성과 자율성에 기반한 개인정보 보호체계를 구축해 나갈 수 있도록 촉진하려고 한다. 민간 주도의 거버넌스 체계를 구축하고자 한다는 점에서 바람직하다고 생각된다.

법률적 이슈들에 대한
사회적 합의가 필요하다

개인정보의 보호와 활용간의 균형을 위해서는 안정적인 법적 기반이 제공되어야 한다. 아직은 마이데이터 산업의 초기 단계이기 때문에 법적 기반에 취약한 점이 존재한다. 다음과 같은 마이데이터 관련 법제도에 대한 법률적 이슈들이 있다.

마이데이터 사업자 허가제 vs 신고제

금융 마이데이터 분야에서는 「신용정보법」에서 마이데이터 사업자를 '본인신용정보관리회사'라 하고, 본인신용정보관리업에 대하여 금융위원회로부터 허가를 받도록 규정하고 있다. 현재 개정을 추진 중인 「개인정보보호법」 개정안은 개인정보보호위원회 및 중앙행정기관의 장이 '개인정보의 전송 요구권 행사의 지원'과 '개인정보의 통합·관리·분석 및 정보주체

에 대한 지원' 등을 수행할 전문성을 갖춘 자를 '개인정보관리 전문기관'
으로 지정하는 것을 규정하고 있다. 이로 인하여 향후 모든 분야에서 마이
데이터 사업은 금융분야의 본인신용정보관리업(금융 마이데이터)과 유사하
게 각 분야별로 특허적 성격의 지정제로 운영되어질 것으로 예상된다. 「데
이터기본법」에서는 데이터 거래 사업자와 데이터 분석 제공 사업자인 데
이터 사업자에 대하여 신고제로 규정하고 있다.

비금융 분야 마이데이터 사업을 법률 규정에 의해 허가제로 할 것인지,
지정제로 할 것인지, 신고제로 할 것인지에 대한 추가적인 논의가 필요하
고, 그 결과를 법률에 반영하여야 한다. 개인정보를 보호하면서도 효율적
으로 활용하여, 정보주체의 권리 행사를 지원하고, 새로운 산업을 육성하
기 위해서는 비금융분야에서는 마이데이터 사업자를 신고제로 운영하는
것도 적극 고려해 볼 필요가 있다. 대신 개인정보의 누출이나, 정보주체의
권리침해에 대해서 사업자에게 엄격한 법률적 책임을 부여해야 한다. 또
한 이를 감독하고 관리하고 지원하는 거버넌스 체계 및 지원기관의 역할
이 필요하다.

개인의 잊힐 권리와 디지털 유산

현 「개인정보 보호법」이나 「신용정보법」으로는 살아 있는 개인만이 정
보주체로서 마이데이터를 보호하고 권리를 행사할 수 있다. 정보주체가
사망한 경우, 해당 마이데이터를 어떻게 처리해야 하는지와 누가 권리를
대리 행사할 수 있는지에 대해서는 관련 법률규정이 없이, 각 업체별 정책

과 약관에 따라 처리되고 있다. 네이버, 카카오 등이 속한 한국인터넷자율정책기구KISO의 정책규정에는 "회원사는 상속인에게 피상속인의 계정 접속권 등을 원칙적으로 제공하지 아니한다.", "상속인은 사업자에게 소명하여 피상속인의 계정 폐쇄를 요청할 수 있다."고 규정하고 있다.[11] 사망 후 개인의 잊힐 권리right to be forgotten 및 사자의 디지털 유산 처리에 대한 법률규정이 필요하다. 현재로는 정보주체가 사망한 경우, 상속인의 별다른 조치가 없다면 장기간 미접속으로 일정 기간 뒤 휴면계정으로 전환되고, 정보활용 동의시 정한 기간이 지나기까지 마이데이터는 삭제되지 않고 유지될 것이다.

사망 후 개인의 잊힐 권리를 실직적으로 보장하기 위해서는 정보주체 스스로 사전에 '사망 후 계정 삭제여부'를 설정할 수 있도록 보장하여야 한다. 해외 사례를 들면 페이스북은 '계정 소유권 및 관리' 방안으로 '사후 계정 삭제하기'를 선택하거나, 사용자가 사망한 이후에도 다른 사람이 사망자의 계정을 관리할 수 있도록 '기념 계정 관리자'를 지정할 수 있다. 구글은 '휴면 계정 관리자' 기능을 통해 상당 기간동안 사용하지 않을 경우 계정 휴면상태로 변경하며, 이후 3개월이 지나면 계정 및 콘텐츠를 삭제할지를 사용자가 설정할 수 있다.

디지털 유산 처리 방안에는 상속인의 계정접속권 허용 여부, 계정 상속 허용 여부, 계정에 속한 디지털 자산의 제공 여부, 계정 폐쇄 요구, 백업 서비스 제공 등이 있다. 국내사업자의 경우, 상속인에게 피상속인의 계정접속을 원칙적으로 허용하지 않고, 계정에 대한 상속을 허용하지 않는다. 상속인임을 소명한 후, 계정 폐쇄를 요구할 수 있다. 그리고 계정에 속한 경제적 가치가 있는 디지털 자산을 상속인에게 제공할 수 있고, 데이터에 대한 백업서비스를 제공할 수 있다.[12] 해외의 경우, 애플은 21년 발표된 iOS15에서 '디지털 유산' 프로그램을 통해 사용자가 '상속 연락처'를 미리 지정해 사후에 상속인이 계정에 액세스할 수 있도록 허용한다고 한다. 고인의 사망증명서 사본을 제출하는 경우, 상속인은 정해진 기간내에 데이터에 접근할 수 있고, 데이터를 다운로드 받을 수 있다.

법률로 규정되기 전이라도 마이데이터 사업자는 정보주체에게 사망후 잊힐 권리를 선택할 수 있도록 보장하고, 개인의 디지털 유산 관리인을 사전에 지정할 수 있는 방안을 제공하는 것이 필요하다.

(사)한국인터넷자율정책기구 정책규정
 - 제3절 사망자의 계정 및 게시물 관련 정책 [본절신설 2014.10.22.]

제27조(목적)
본 절은 인터넷 이용자가 사망할 경우 생전의 이용한 계정 및 게시물 등의 처리 방식을 정함에 그 목적이 있다.

제28조(계정)
❶ 회원사는 상속인에게 피상속인의 계정 접속권 등을 원칙적으로 제공하지 아니한다.
❷ 1항에도 불구하고, 피상속인의 계정 중 사이버머니 등 경제적 가치가 있는 디지털 정보의 경우 관계 법령 및 약관에 따라 이를 상속인에게 제공할 수 있다.

제29조(계정 폐쇄 요구 등)
❶ 상속인은 다음 각호의 사항을 사업자에게 소명하여 피상속인의 계정 폐쇄를 요청할 수 있다.
   1. 삭제를 요청하는 계정이 피상속인의 계정이라는 사실
   2. 피상속인의 사망 사실
   3. 요청인이 피상속인의 재산상속인이라는 사실
❷ 사업자는 상속인의 요청에 따라, 상속인에게 게시물 등 공개된 콘텐츠를 별도의 매체에 복사하여 주는 백업서비스를 제공할 수 있다. 백업이 가능한 구체적인 게시물의 범위는 서비스제공자가 기술적, 경제적인 현실을 고려하여 별도로 정한다.

국가 데이터 주권

국가 간 데이터 이동에 대해 EU, 중국 등에서 데이터의 역외반출을 금지하는 데이터 로컬라이제이션 경향이 나타나고 있다. EU GDPR은 개인정보 국외 이전과 관련해 규정된 조건을 준수(적정성 평가)하는 경우에만 가능하게 하고 있다. 중국은 인터넷 안전법에 따라 해외 기업의 경우 데이터를 중국에서만 저장·처리하도록 규정하고, 해외 이전을 금지하고 있다.

「개인정보 보호법」 개정안은 국외 이전 방식을 다양화하여 다음의 경우에 허용하고 있다. 1) 정보주체로부터 국외이전에 관한 별도의 동의를 받은 경우, 2) 법률, 대한민국을 당사자로 하는 조약 또는 그 밖의 국제협정에 국외이전에 관한 특별한 규정이 있는 경우, 3) 정보주체와의 계약의 체결 및 이행에 필요한 개인정보 처리위탁·보관을 위하여 정보주체에게 알리고 국외이전하는 경우, 4) 개인정보를 국외이전 받는 자가 보호위원회가 지정하는 인증을 받은 경우, 5) 인정보호 수준과 실질적으로 동등한 수준에 있다고 보호위원회가 인정하는 국가 또는 국제기구로 국외이전 하는 경우. 동시에 개인정보를 적정하고 보호하고 있지 않다고 판단될 경우에는 국외이전의 중지를 명령하는 중지 명령권을 신설하였다.

중국은 인터넷 안전법을 통해 정부가 필요 시 자국민의 데이터를 볼 권한이 있다. 미국은 클라우드법Cloud Act을 통해 테러·범죄 수사와 같은 합당한 이유가 있을 때 해외에 저장된 미국 기업의 데이터를 들여다볼 권한을 갖는다. 우리나라는 해외 서버에 저장된 우리 국민의 데이터에 대한 데이터 주권을 법률로 규정하지 않고 있다. 마이데이터의 국외 이전을 적절히 허용하여 통상마찰을 피하면서도 우리 국민인 정보주체의 권리를 보장하고, 우리나라의 데이터 주권을 확립할 수 있는 법제도가 필요하다.

8 | 장

마이데이터
관련 기술

　　마이데이터 생태계내의 가치사슬은 계정관리, 생성, 저장, 이동, 활용, 삭제 프로세스, 그리고 보안 및 거버넌스로 이루어진다. 마이데이터 글로벌의 오퍼레이터 참조 모델은 신원 관리, 허용 관리, 운영 서비스 관리, 가치 교환, 데이터 모델 관리, 개인 데이터 전송, 개인데이터저장소, 거버넌스 지원, 책임성 및 로깅으로 구성되어 있다 이번 장에서는 마이데이터 생태계의 각 역할을 수행하는 데 필요한 기술들을 가치사슬의 단계별로 간략히 설명한다.

마이데이터 수행기능들을
가치사슬로 표현할 수 있다

마이데이터 생태계의 가치사슬은 아래 그림과 같이 표현할 수 있다. 정보주체인 개인은 계정을 가지며, 이 계정에 대한 관리가 수행된다. 마이데이터는 생성, 저장, 이동, 활용, 삭제 단계의 데이터 라이프사이클을 갖는다. 데이터 라이프사이클 전 단계에 걸쳐 거버넌스가 이루어지고, 보안이 적용된다. 정보주체, 정보제공, 마이데이터 서비스, 오퍼레이터 그리고 생태계 거버넌스 역할을 수행하는 하나 이상의 엔터티 즉 개인, 기관 및 조직이 가치사슬의 각 단계를 수행한다.

마이데이터 가치사슬

계정관리				
생성	저장	이동	활용	삭제
보안				
거버넌스				

마이데이터 가치사슬단계와 역할

가치사슬 단계	정보주체	정보제공	마이데이터 서비스	오퍼레이터	생태계 거버넌스
계정관리			●		
생성	●	●			
저장		●	●	▲	
이동	▲	●	●	●	○
활용			●		
삭제		●	●	●	
보안		●	●	●	○
거버넌스		●	●	●	●

마이데이터 계정관리는 정보주체의 신원관리Identity management와 허용관리Permission management를 포함한다. 일반적으로 정보제공, 마이데이터 서비스, 오퍼레이터 역할을 수행하는 각 엔터티는 한 사람의 개인에 대하여 한 개의 계정Account을 사용하나, 여러 개의 계정을 사용할 수도 있다. 개인 인증을 위해 여러 인증 수단을 사용하여 엔터티 자체적으로 인증을 수행하기도 하고, 외부의 인증서비스와 통합하여 인증을 수행하기도 한다. 마이데이터 서비스 엔터티 간의 상호운용성을 확보하기 위해서는 개별 ID체계의 상호 연결 방안이 필요하다. 정보제공, 마이데이터 서비스, 오퍼레이터 역할을 수행하는 엔터티는 개인 계정별로 수집, 이용 및 3자 정보제공 동의, 통지수신 동의, 행위 대리 위임 등 개인의 허용정보를 관리한다.

마이데이터 생성은 주로 정보제공 엔터티에서 이루어지는 프로세스이다. 시스템 사용자의 데이터 입력, 외부로부터 데이터 취득, 디바이스로부터 수집 등을 통해 개인정보의 생성이 이루어진다. 정보주체 스스로가 헬스 디바이스나 휴대폰 등을 매개로 개인정보를 직접 생성할 수도 있다.

마이데이터 저장은 일반적으로 정보제공 엔터티나 마이데이터 서비스 엔터티에서 대규모 데이터 저장 기술을 사용하여 데이터를 저장 관리하는 프로세스이다. 오퍼레이터 엔터티는 별도의 데이터 저장 없이 중계만 수행할 수 있다. 또한, 개인들에게 중간 저장소로써 개인의 통제 하에 있는 개인데이터저장소PDS를 제공할 수도 있다. 보안이 필요한 데이터 항목은 암호화되어 저장된다. 여러 데이터 원천으로부터 온 데이터를 하나의 저장소에 통합하기 위하여는 데이터 표준관리가 필요하며, 고품질의 데이터를 지속적으로 유지하기 위해서는 데이터 품질관리도 수행하여야 한다.

마이데이터 이동은 정보주체의 의사에 따라 정보제공 엔터티로부터 마이데이터 서비스 엔터티로 데이터가 이동하는 프로세스이다. 데이터 이동의 효율을 위하여 중간에 중계 역할을 수행하는 오퍼레이터 엔터티를 거치거나, PDS서비스를 제공하는 오퍼레이터를 거쳐서 비동기적으로 이동할 수도 있다. 정보주체 개인이 정보제공 엔터티로부터 데이터를 다운로드 받은 후, 마이데이터 서비스 엔터티에 직접 업로드 할 수도 있다. 또한 개인의 모바일 휴대폰이나 개인 계정의 클라우드를 거쳐 데이터가 이동할 수도 있다. 신뢰할 수 있고 효율적인 마이데이터 이동을 위해서는 생태계 참여자간 상호 자격증명이 필요하며, API 표준화 등이 선행되어야 한다. 이는 생태계 거버넌스 역할을 수행하는 기관이 표준화 지침과 가이드를 제공함으로써 효과적으로 달성될 수 있다.

마이데이터 활용은 마이데이터 서비스 엔터티가 이동된 마이데이터를 활용하여 고객에게 통합 조회를 제공하고, 개인화된 서비스를 제공하는 프로세스이다. 마이데이터 서비스 엔터티가 기 보유한 빅데이터, 익명데이터, 가명데이터를 마이데이터와 함께 결합하여 개인화 추천 등에 사용한다.

마이데이터 삭제는 개인정보를 정보제공 엔터티나 마이데이터 서비스 엔터티, 그리고 오퍼레이터 엔터티에서 보유한 개인정보에 대하여 동의받은 보존 연한이 경과하거나, 정보주체로부터 삭제나 동의 철회 요청이 있는 경우 관련된 데이터를 삭제하는 프로세스이다.

마이데이터 보안관리는 전 프로세스 체인에 걸쳐 보안 위험을 최소화하고, 개인정보를 보호하기 위해 필요한 조치를 수행하는 프로세스이다. 생태계 거버넌스 역할 엔터티는 보안 지침과 가이드 등을 제공함으로써 생태계 전반의 신뢰도를 제고하기 위하여 노력하여야 한다.

마이데이터 거버넌스는 데이터의 생성, 저장, 이동, 활용, 삭제 프로세스가 관련 법률을 준수하고, 사용자의 동의와 위임의 범위내에서 수행이 이루어지도록 지휘하고 통제하고, 모니터링 하는 프로세스이다. 동의 준수확인, 감시, 로깅, 책임자 지정 등을 통해 정보주체에게 마이데이터의 투명성과 책임성을 제공한다. 거버넌스 프로세스는 엔터티 단위 차원에서도 수행되어야 하고, 동시에 마이데이터 생태계 차원에서도 거버넌스 역할을 담당하는 협회, 단체, 정부기관을 통해 수행되어져야 한다.

마이데이터 오퍼레이터 참조 모델은
9가지 기능요소로 구성된다

마이데이터 프로세스에 필요한 기술요소들을 파악하기 위해서 마이데이터 글로벌MyData Global의 〈오퍼레이터 참조 모델〉인 Understanding MyData Operators[1]을 참조할 필요가 있다. 오퍼레이터 참조 모델은 마이데이터 오퍼레이터가 가져야 할 기능요소 중심으로 구성되어 있기 때문에 생성, 삭제, 활용 프로세스에 대해서는 언급하고 있지 않다. 그러나 대부분의 정보제공, 마이데이터 서비스 역할을 수행하는 엔터티들이 오퍼레이터 역할의 전부 또는 일부를 함께 수행함을 고려하면 오퍼레이터 참조 모델로부터 마이데이터 관련 기술 파악에 도움을 얻을 수 있다.

마이데이터 글로벌의 오퍼레이터 참조모델은 9가지 기능요소들로 구성되어 있다. 하나의 마이데이터 오퍼레이터 엔터티가 모든 기능요소를 제공하지 않을 수 있고, 여러 마이데이터 오퍼레이터 엔터티가 기능요소별 역할을 분장하여 담당할 수도 있다.

기능요소	설명	관련 가치사슬
신원 관리 Identity management	서로 다른, 연결된 신원Identity 도메인들의 개인 및 조직에 대한 인증authentication 및 권한authorization을 관리한다.	계정관리
허용 관리 Permission management	동의, 통지, 권한, 위임, 법적 근거, 목적, 선호 등 개인의 허가 내용, 프라이버시 설정, 그리고 정보제공 엔터티와 마이데이터 서비스 엔터티 대한 개인의 연결정보를 관리한다.	계정관리, 보안
운영 서비스 관리 Service management	마이데이터 생태계 내의 오퍼레이터, 정보제공 엔터티와 마이데이터 서비스 엔터티 상호간의 연결을 관리한다.	이동
가치 교환 Value exchange	데이터 교환과정에서 생성된 금전적 또는 비금전적 가치를 획득하고 정산한다. 가치발생은 생태계의 모든 부분에서 불균등하게 발생하기 때문에 이들 가치를 분배하는 메커니즘이 필요하다.	이동
데이터 모델 관리 Data model management	데이터의 시맨틱Semantics을 관리한다. 하나의 데이터 모델에서 다른 데이터 모델로의 변환하는 것을 포함한다. 의미 표준화Semantics Standardization 작업은 서로 다른 데이터 원천에서 온 데이터의 의미를 기술하여 표준화하는 과정이다.	저장, 이동
개인 데이터 전송 Personal data transfer	표준화되고 안전한 방식으로 생태계 참여자 간의 데이터 교환을 가능하게 하는 인터페이스API를 구현한다. 데이터 전송은 데이터원천으로부터 오퍼레이터를 통하여 데이터 서비스로 전송될 수도 있고, 유효한 허용권한 하에서 오퍼레이터를 거치지 않고 직접 서비스에 전달될 수도 있다.	이동, 보안
개인데이터저장소 Personal Data Storage	여러 데이터 원천(개인이 생성한 데이터를 포함)으로부터 온 데이터를 개인의 통제 아래에 있는 '개인데이터저장소' PDS에 통합하여 저장한다. 데이터의 중간 저장없이 정보제공 엔터티 로부터 마이데이터 서비스 엔터티로 직접 전송될 수도 있으나, 개인이 PDS를 통해 중간 경유지 Station 역할을 함으로써, 데이터 원천과 서비스제공자는 개인을 통해 서로 간접적으로 연결할 수 있다. 오퍼레이터는 PDS에 접근하거나 어떤 데이터가 저장되는지 알 필요가 없다.	저장
거버넌스 지원 Governance support	개인과 조직 간에 신뢰관계를 구축하기 위하여 기반 거버넌스 프레임 워크를 준수할 수 있도록 지원한다.	거버넌스
책임성 및 로깅 Accountability and logging	발생하는 모든 정보 교환 이력을 유지하고, 누가 언제 무엇에 액세스했는지에 대한 투명성을 제공한다.	거버넌스, 보안

3

마이데이터 계정관리를 위해
신원관리와 허용관리가 필요하다

신원관리

계정관리 프로세스를 수행하기 위해서는 신원등록과 신원인증을 수행하는 신원관리Identity management가 필요하다. 신원Identity은 신원 식별자 Identifier와 신원 데이터Identity Data로 구성된다. 마이데이터 생태계에 참여하는 개인은 물론 정보제공 엔터티, 마이데이터 서비스 엔터티, 오퍼레이터 엔터티 모두 디지털 신원이 필요하다. 신뢰할 수 있는 상호관계를 위하여 개인, 조직, 기관 모두 스스로 누구인지를 상대편에게 밝혀야 하기 때문이다. 신원관리 모델은 개별 신원관리 모델, 중앙집중형 신원모델, 연합 신원관리 모델, 그리고 자기주권 신원관리 모델로 구분해 볼 수 있다.

개별 신원관리 모델은 조직별 또는 시스템별로 각각 식별자 ID와 신원 정보를 관리하고, 비밀번호 등을 사용하여 개별인증을 수행하는 모델이다. 즉 정보주체 개인은 정보제공 엔터티, 마이데이터 서비스 엔터티, 오퍼레이터 엔터티 등 모든 엔터티별로 개별적인 ID를 생성하고, 각각의 엔터티에서 개별인증을 수행하는 방식이다. 개인의 입장에서는 여러 ID 및 패스워드 등 인증방법을 관리하고 기억하기 불편하며, 동일한 ID와 패스워드 등 인증방법을 여러 조직에서 동일하게 사용하는 경우 보안위험이 커지는 단점이 있다. 인증방법은 ID와 패스워드, PIN, 패턴인증 등 지식기반 인증요소와, OTP, SMS인증, ARS인증 등 소유기반 인증요소, 그리고 생채인증, 서명패턴 등 특징기반 인증요소를 사용할 수 있다. 또한 공개키 인증서를 사용하여 인증할 수 있다. 2가지 이상의 인증요소를 동시에 사용하는 다중인증을 통해 보안을 강화한다.[2]

중앙집중형 신원모델은 통합인증을 위해 중앙 신원 관리서버에 신원정보를 등록하고, 연결된 엔터티들에게 통합인증서비스를 제공하는 모델이다. SSO^{Single Sign on}을 통해 한 번의 인증으로 여러 엔터티의 서비스를 이용할 수 있다. 마이데이터 생태계 내에서 한 번의 인증으로 여러 정보제공 엔터티들에게 마이데이터 전송요구를 구현할 수 있는 통합인증기관이 필요하다.

연합 신원관리 모델은 연합관계에 있는 조직들끼리 ID 및 인증을 교환하는 모델이다. OpenID Connect, OAuth2, SAML 등 표준 프로토콜을 기반으로 개인이 기 보유한 연합내 다른 ID공급자의 계정을 사용하여 가입하거나 ID공급자에 의해 인증을 수행하는 모델이다. 연합 신원관리 모델의 경우에도 개별 엔터티는 내부 ID를 생성하며, ID공급자의 인증서비스를 통한 인증결과를 사용하여 내부 인증을 수행한다. 네이버, 카카오톡 ID를 사용하는 소셜 로그인이 연합 신원관리 모델의 한 예이다. 연합 신원관리모델은 개인입장에서는 편리함을 제공하나, 개인정보가 ID공급자에게 중앙 집중화되기 때문에 프라이버시 문제나 보안사고시 대규모 개인정보 유출의 위험성을 안고 있다.

OAuth2(Open Aurhorization, Open Authentication 2)

OAuth2Open Authorization, Open Authentication 2는 인증을 위한 표준 프레임워크으로 시나리오별 여러 가지 승인 유형을 제공한다.

- Authorization Code Grant Type(권한 코드 승인 유형)
- Client Credentials Grant Type(클라이언트 자격증명 승인 유형)
- Device Code grant type(디바이스 코드 승인 유형)
- Refresh Token grant type(리프레시 토큰 승인 유형)
- Implicit Grant Type(암시적 승인 유형)
- Resource Owner Password Credentials Grant Type(자원 소유자 비밀번호 자격 증명 승인 유형)

자원소유자(정보주체)가 클라이언트(마이데이터 서비스 엔터티)에 로그인 요청 시, 승인서버(연합내 ID공급자)로 리디렉션하여, 승인서버가 로그인 폼을 통해 사용자 인증을 수행한다. 승인서버는 인증성공시 승인 코드를 발급하여 이를 클라이언트로 리디렉션한다. 클라이언트는 승인코드를 사용하여 승인서버로부터 토큰(Access Token) 발급받는다. 발급받은 토큰을 사용하여 클라이언트는 연합내 자원서버(데이터 제공 역할 조직)들에게 API를 요청하고, 자원서버는 토큰 검증 후 API에 응답한다. OAuth2는 지속적으로 발전되어 오고 있기는 하나, 브라우저 중심적(HTTP redirect)이어서 모바일이나 IoT에 적합하지 않으며, 정보주체가 요청자에게 권한위임기능 미흡 등 기술적 한계를 갖고 있다. 아직 초기 단계이기는 하나 OAuth2의 한계를 개선하고 대체하려는 GNAP(Grant Negotiation and Authorization Protocol) 차세대 기술을 향후 주목해 볼 필요가 있다.

자기주권 신원관리 모델Self-Sovereign Identity(SSI)은 다른 신원 모델들과 달리 조직이 신원관리를 통제하는 방식이 아닌, 개인이 직접 신원등록과 신원확인을 통제하는 모델이다. 탈중앙화 신원인증으로도 불린다. 자기주권Self-Sovereign이라는 의미는 개인정보를 개인 스스로 직접 관리한다는 의미이다. SSI는 개인중심의 신원관리 모델이기 때문에 마이데이터 비전과 일맥상통한다. SSI에서는 개인이 자신의 신원확인 정보인 분산신원증명DID, Decentralized Identity을 직접 생성하여 분산원장기술DLT, Distributed Ledger Technology를 통해 공유하는 방식이다. 즉, DID 기술은 블록체인을 활용하여 탈중앙화된 신원확인 서비스를 제공한다. 신원등록을 위해 개인이 개인의 단말을 통해 공개키/개인키 쌍과 사설인증서를 생성하여 신원

DLT 기반 신원관리 개요

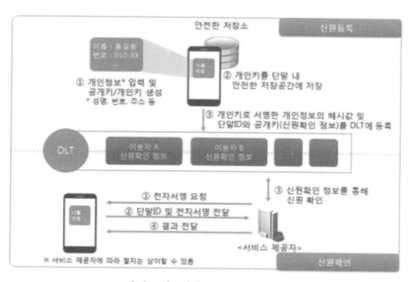

출처: 금융보안원, 신원정보 관리유형의 변화와 특징 비교(2017)

확인정보는 DLT에 등록하고 개인키는 단말에 저장한다. 개인이 서비스 이용을 위해 전자서명정보를 전달하면 서비스 제공자는 DLT의 신원확인 정보를 통해 이용자의 신원을 인증한다.

SSI 플랫폼에는 Hyperledger Indy 기반 Sovrin 플랫폼, Ethereum 기반 uPort 등 여러 블록체인 기반 플랫폼이 있다. SSI의 추상 아키텍처는 분산 ID[DID], 분산 키 관리 시스템[DKMS, Decentralized Key Management System], 분산 ID인증[DID Auth], 검증 가능한 자격증명[VC, Verifiable Credentials]으로 구성된다.

먼저, DID는 분산 식별자로서 개인은 타 조직이나 개인과의 각 관계마다 독립적인 DID 식별자를 사용할 수 있으며, DID는 분산원장 기술(DLT)에 저장된다. 조직-개인 쌍별로 상호 독립적인 Pairwise-DID를 사용하여 프라이버시 보호를 강화한다. DKMS는 DID 소유 인증에 사용되는 개인키[Private Key] 값을 안전하게 보관, 전달, 관리하는 시스템이다. 개인키 보관을 위해서 사용자의 단말 내 엣지 지갑과, 클라우드 서비스 내 클라우드 지갑을 구성하여 저장 가능하며, 에이전트 레이어를 통해서 단말 및 클라우드 상에 구성된 지갑에 액세스도 가능하다. DID Auth는 DID 소유 인증에 필요한 데이터 규격, 메시지 프로토콜, 암호화 알고리즘 등을 포함한다. 검증가능한 자격증명은 상호 교환이 가능하고, 변조나 훼손되지 않았음을 암호학적으로 검증 가능한 디지털 증명을 의미한다.

현재 국내 마이데이터에서는 개별 신원관리 모델, 중앙집중형 신원모델이 주로 사용되고, 연합 신원관리 모델이나 자기주권 신원관리 모델은 아직까지 본격적으로 사용되고 있지 않다. 향후 실명 확인이 필수적이지 않은 비금융 마이데이터 분야에서는 연합 신원관리 모델이나 자기주권 신원관리 모델이 활성화될 수 있을 것으로 예상된다. 과학기술정보통신부는, 블록체인 기술 확산 전략의 하나로 '비대면 경제의 인프라로서 분산신원증명 서비스 활성화'를 포함하였다.[3] 공공부문 DID 서비스 이용 시 국민이 여러 앱을 설치해야 하는 불편함이 없도록 통합 공공플랫폼을 구축하고, DID 플랫폼 간 연동 및 다른 신원인증 기술과의 연계를 지원할 예정이다. 또한 혁신적 DID 서비스를 발굴하기 위한 시범사업을 추진하고, 민관합동 DID 협의체를 구성·운영할 예정이다.

본인확인 서비스

금융 마이데이터 분야에서 본인확인 서비스를 사용한 실명확인은 필수적이다. 개인 신원에 대해 실명확인을 위해서 본인확인기관의 본인확인 서비스를 사용한다. 본인확인기관은 이용자의 주민등록번호를 사용하지 않고 대체 인증수단으로 본인을 확인하는 방법을 제공한다. 본인확인기관은 정보통신망법에 근거하여 방송통신위원회가 지정하는데 21년 4월 현재 총 19개의 사업자가 있다. 공동인증기관, 이동통신사, 신용카드사, 아이핀 등이 본인확인기관으로 지정되어 있다. e프라이버시 클린서비스www.eprivacy.go.kr는 개인이 주민번호, 아이핀, 전호번호로 사용하여 수행한 본인확인 내역을 통합조회하고, 불필요한 웹사이트에서 손쉽게 회원탈퇴를 할 수 있도록 지원한다.

금융 마이데이터 분야에서 개인신용정보 전송을 요구할 경우, 정보제공 엔터티는 해당 고객(개인)에 대해 본인인증을 수행하여야 한다. 개별 정보제공자별로 하는 인증을 수행하는 개별인증 방식과, 고객이 통합 인증기관이 발급한 인증수단을 이용하여 1회 인증을 통하여 여러 정보제공자에게 정보전송요구 및 인증을 수행하는 통합인증 방식이 있다. 금융 마이데이터 서비스 계획 초기에는 통합인증기관이 공동인증서구 공인인증서만을

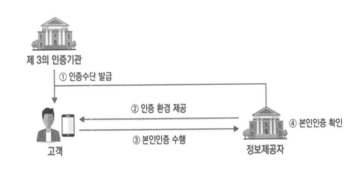

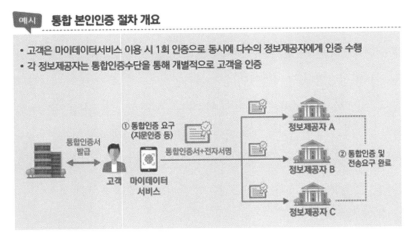

예시 **통합 본인인증 절차 개요**

출처: 금융보안원, 금융분야 마이데이터 기술 가이드라인

사용하며 통합인증을 수행하는 것으로 공지되었다가 논란 끝에 추가로 전자서명인증사업자의 사설인증서도 통합인증 수단으로 사용되게 되었다. 모든 금융 마이데이터 정보제공 엔터티가 공통적으로 개인를 인증할 수 있도록 하기 위해서는 인증결과로서 CI^{Connecting Information}정보를 제공할 수 있는 다중요소 공개키 인증서를 사용하여야 하기 때문이다. 연계정보라고 불리는 CI는 주민번호와 1:1 매칭 되는 값으로, 모든 본인확인기관에서 동일한 개인에 대해 같은 값이 생성된다. 이를 사용하여 실명 개인식별을 수행하는 것이다.[2]

허용 관리

계정관리 프로세스를 수행하기 위해서는 허용관리Permission management가 필요하다. 특히 마이데이터의 엔터티 간 이동은 개인의 동의 및 권한 대리 위임에 근거하여 이루어져야 하기 때문에 허용관리는 중요하다. 허용이라는 용어는 동의, 권한, 위임, 알림, 법적 근거, 목적, 선호 등 개인의 허가 내용, 프라이버시 설정, 그리고 데이터 원천과 제공서비스에 대한 개인의 연결정보를 모두 포함한다. 허용정보도 표준 형식을 사용하여 개인의 의사에 따라 조직 간에 이동할 수 있어야 하나, 조직 간 동의의 내용과 형식 등에 대한 표준화가 선행되어야만 실제적인 마이데이터 엔터티 간 계정 이동이 가능하다.

유효한 동의

정보주체로부터 유효한 동의를 효율적으로 얻는 방법은 마이데이터 구현에서도 필수적이다. 앞 장에서 살펴본 바와 같이 국내에서 동의를 얻기 위해서는 Opt-in 방식으로 사전에 구체적 항목에 대해 명확한 의사표시를 얻어야 한다. Opt-out은 명시적 동의에 해당하지 않는다. 동의는 서면이나 전자문서에 서명하거나, 구두로도 가능하다. 웹이나 모바일 앱에서는 동의를 나타내는 체크박스 클릭이나, 버튼이나 아이콘을 누르거나, 이메일 등을 사용해서도 가능하다. 이외에도 스크린을 미는 방식, 스마트폰 카메라 앞에서 손을 흔드는 방식, 스마트폰을 시계방향으로 돌리거나 8자 모양으로 그리는 방식 등도 유효한 동의의 방식으로 인정받을 수 있다.[4] 웹브라우저로 인터넷에 접속할 때 개인정보 수집을 위해 사용되는 브라우저 쿠키Cookie도 동의 대상이다. 쿠키도 개인정보이기 때문이다.

개인정보위원회와 한국인터넷진흥원의 「2020 개인정보보호 실태조사」[5] 보고서에 따르면 정보주체가 개인정보를 제공할 때 33.9%가 동의서를 확인하는 것으로 나타났으며, 66.1%는 확인하지 않는 것으로 나타났다. 동의서 내용 미확인 이유는 '동의서 내용에 상관없이 서비스를 반드시 이용해야 해서'(38.0%) 응답이 가장 많았으나, '확인하는 것이 귀찮고, 번거로워서'(34.7%), '내용이 많고 이해하기 어려워서'(22.9%) 등의 시스템 관련 이유도 상당한 비율을 차지하고 있다.

쉬운 동의

동의 요청은 분명하고, 간결하여야 하며, 동의 요청이 서비스 이용에 불필요한 지장을 주어서는 안 된다. 동의 요청은 일반인이 이해할 수 있고, 누구나 쉽게 접근 가능한 형태로 제시되어야 하며, 다른 사안들과 명확히 구분되어야 한다. 보다 쉬운 용어나 단순하고 시청각적인 전달 수단 등을 사용하여 정보주체의 명확한 긍정 행위를 통해 동의를 얻어야 한다. 알고하는 사전 동의를 위해서는 마이데이터 시스템의 UI/UX 디자인 작

출처: 네이버, 네이버 개인정보 처리방침 홈페이지

업 시 글자 크기, 줄 간격, 글자 색상 등을 적절히 활용하여 사용자의 동의요청 내용에 대한 가독성Readability을 최대한 높여야 하며, 그래프, 소리 등 시청각 요소가 적절히 활용되어야 한다. 한 예로 네이버는 개인정보 처리방침을 쉽고 편하게 이해할 수 있는 'EASY 버전'과 그림으로 쉽게 만나보는 '개인정보처리방침 인포그래픽'으로 제공하고 있다.

알고 하는 동의

「신용정보법」 개정 〈제34조의 3(정보활용 동의등급)〉을 통해 금융권에서는 소비자권리 보호를 위해, 선택동의에 대해서 단순화, 시각화된 동의서 등급제가 본격적으로 시행되었다(21년 7월). 선택동의서를 수집목적, 수집항목, 이용 및 보유기간, 제공받는 자, 제공 혜택 등 5가지 영역으로 분류하고, 소비자 위험도, 소비자 혜택, 소비자 친화도의 3가지 관점으로 평가하여 신용정보원이 등급을 부여한다. 금융 마이데이터에서도 알고 하는 동의 원칙이 지켜져야 한다. 모바일 환경에서도 신용정보주체가 정보 활용 동의 사항을 한눈에 잘 파악할 수 있도록 하여야 하고, 작은 글자 크기를 사용하는 것을 지양하며, 한 페이지에 하나의 동의 사항을 보여주도록 하여 정보주체가 한눈에 보기 쉽도록 구성하여야 한다.[2]

정보주체의 권리강화를 위해서는 마이데이터 생태계 차원에서 여러 엔터티에서 개별적으로 관리되고 있고 정보주체의 동의 내역을 한곳에서 통합 조회할 수 있도록 지원하는 포털의 필요성이 증가된다. 또한 여러 조직에서 공통적으로 사용할 수 있는 표준동의서도 필요하다.

마이데이터의 허용관리는 정보주체의 권리를 대리 행사하기 위하여 전송요구에 관한 권한 위임 사항을 관리하여야 한다. 마이데이터 서비스 엔터티는 개인의 전송요구권을 대리 행사하기 위하여 필요한 정보 즉 정보제공 조직, 전송요구 항목, 정기 전송 여부 및 주기, 전송요구 종료 시점, 전송요구 목적, 전송 요구하는 데이터의 보유기간 등을 관리하여야 한다. 또한 정보주체가 전송요구의 철회를 용이하게 할 수 있도록 전송요구 방법과 동일하게 제공하여야 한다.

마이데이터는 주로 개인과
정보제공 엔터티에서 생성된다

마이데이터 생성 프로세스는 주로 정보제공 엔터티에서 수행된다. 또한 정보주체 개인 스스로가 개인정보를 직접 생성할 수도 있다. 조직내 사용자나 개인 스스로의 데이터 입력이나, 외부 데이터 소스로부터의 데이터 취득, 그리고 디바이스로부터 데이터 수집을 통해 데이터의 생성이 이루어진다. 데이터의 활용에 중점을 두는 마이데이터 시나리오를 위해서는 정보제공 엔터티에서 기 생성된 데이터를 마이데이터 서비스 엔터티로 이동시켜 활용하는 것을 우선시하기 때문에 마이데이터의 생성 프로세스가 크게 주목받지 않는다. 그러나 헬스 분야에서 정보주체 스스로가 헬스 디바이스나 휴대폰을 매개로 셀프로 마이데이터를 생성하는 프로세스가 점점 중요성이 커지고 있다. 프라이버시를 보호하면서도 개인의 동의 또는 허용 하에 의료분야 마이데이터를 연구용으로 제공한다든지, 개인이 직접 생성한 정보를 경제적 대가를 받고 기업 등에 제공하는 비즈니스 케이스가 늘어날 것이다.

가정에서 가족구성원이 공동으로 사용하는 TV 등의 가전제품도 개인정보의 생성 디바이스이고, 개인이 운전하는 자동차도 개인정보의 생성 디바이스이다. 여러 개인이 공유하는 디바이스에서 매번 사용시마다 사용자를 알 수 없는 경우에는, 공유 디바이스로부터 생성된 데이터에 대해 누가 동의의 주체가 될 수 있는지가 불분명하다. 자동차는 움직이는 데이터 허브로서 운전자의 운전습관, 운전경로, 위치정보를 생성할 수 있다.

모빌리티 개인정보

모빌리티 개인정보는 현재 완성차 제조사, 내비게이션 서비스 제공자, 공유모빌리티 서비스 사업자 등에 의해 수집되고 있다. 예를 들어, 국내 H 자동차그룹은 '디벨로퍼스Developers' 플랫폼을 통해 커넥티드 카로부터 수집한 운행 및 제원정보, 주행거리, 운전습관 등의 데이터를 가공해 개인 및 법인사업자에게 제공하고 있고, 일부 사업을 유료화하고 있다.[6] 이와 같은 모빌리티 개인정보는 제3자 제공 동의를 기반으로 운전 습관에 따라 보험료를 차별화하고자 하는 보험업계에 유료로 제공될 수 있다. 개인의 동의를 전제로 해서 자동차에서 생성된 데이터가 수집되고 분석되기는 하나, 개인정보가 충분히 보호되는지와 자기결정권이 충분히 행사되고 있는지에 대한 의문이 남는다. 한 개인 또는 여러 구성원이 디바이스나 모빌리티를 통해 생성하는 개인정보를 어떻게 보호하고, 어떻게 활용할 것인지에 대하여 「위치정보의 보호 및 이용 등에 관한 법률」 등 관련 법률과 가이드라인에서 보완이 필요해 보인다.

유럽정보보호이사회EDPB는 2021년 3월 "커넥티드 카와 모빌리티 관련 애플리케이션에서의 개인정보 처리 가이드라인"[7]을 도입했다. 자동차의 방문 위치정보 등을 통해 운전자의 성적 지향이나 종교를 유추할 수 있는 만큼 규제의 필요성을 역설하며 악용 가능성이 높은 위치정보 수집과 제3자 제공 데이터에 초점을 뒀다. 특히 보험사에 주행 기록에 대한 미가공 데이터는 제공하지 않도록 했다. 주행 데이터를 안전운전 점수로 환산해 최종 점수만 제공하하도록 한다.[6]

마이데이터는 DBMS, PDS 등에 저장된다

정보제공 조직이나 마이데이터 서비스 조직에서는 대규모 개인정보를 저장하기 위하여 관계형 DBMS나 EDW를 사용한다. 개인정보를 보호하기 위하여 필요한 경우 데이터를 암호화하여 저장한다. 고유식별정보, 비밀번호, 바이오 정보는 반드시 암호화하여 저장하여야 한다. 특히 비밀번호를 저장하는 경우에는 복호화되지 아니하도록 일방향 암호화하여 저장하여야 한다. DBMS에 저장하는 경우 내장 암호화 기능을 사용하거나 별도의 암호화 솔루션을 사용하여 테이블 단위 또는 컬럼 단위로 암호화를 수행한다. 비정형 데이터를 저장하기 위하여 HDFS^{Hadoop Distributed File System}를 사용하거나, 오브젝트 스토리지^{Object Storage}를 사용하기도 한다. 데이터는 클라우드 스토리지에 저장할 수도 있으며 블록체인에 저장할 수도 있다.

오브젝트 스토리지

오브젝트 스토리지는 독립된 유닛인 오브젝트별로 각각이 독립적인 저장소로서 데이터를 저장하고 관리한다. 각각의 오브젝트에는 키, 데이터 및 메타데이터가 포함된다. 플랫한 구조로 확장성이 높은 오브젝트 스토리지는 아마존 S3 등 퍼블릭 클라우드 스토리지 서비스나 온프레미스 오브젝트 스토리지 솔루션에 사용된다. RESTful API를 통해 데이터를 조회하고 관리할 수 있으며, 플랫한 구조로 인하여 초대용량 데이터를 저장하기 위하여 용량 확장이 용이하다. 또한 포함된 메타데이터를 활용하여 데이터를 분석하고 통제할 수 있다. 오브젝트는 수정이 불가능하기 때문에 정적 데이터에 적합한 스토리지이다. 오브젝트 스토리지가 전통적인 DBMS와 연동이 용이하지 않지만, 사용빈도가 높지 않고, 생성 후 변경되지 않는 특성을 갖는 데이터 유형에는 매우 유용한 저장 시스템이다.

개인데이터저장소

개인정보는 정보주체 개인이 직접 통제권을 갖는 개인데이터저장소 PDS에 저장되었다가, 이를 활용하고자 하는 조직들에게 개인의 결정에 따라 선별적으로 제공할 수도 있다. 활용 조직들은 API를 통해 PDS로부터 데이터를 얻거나, PDS에 데이터를 갱신한다. PDS는 오퍼레이터 엔터티가 개인에게 허브형태로 제공하며, 주로 클라우드에서 구현된다. 클라우드 스토리지를 직접 제공하는 집중형과 개인별로 각자의 클라우드 스토리지를 사용하는 분산형(비집중형)으로 구분된다. 영국의 MyDex[pds.mydex.org]는 개인이 공공기기관과 기업으로부터 개인데이터를 수집하고, 저장하고, 공유할 수 있는 집중형 PDS 플랫폼을 제공하는 예이다. 영국의 디지미[Digi.me]는 구글 드라이브[Google drive], 드롭박스[Dropbox], 원드라이브[One-Drive] 중에서 개인의 저장소 유형을 선택하고, 각 개인의 휴대폰에 저장되는 암호화 키를 사용하여 암호화된 개인 데이터를 각자의 개인 클라우드에 저장하는 분산형 PDS 플랫폼을 제공하는 예이다. 경기도는 영국의 디지미 서비스 모델을 공공의 목적에 맞게 변형하여 도민의 데이터 권리 보장을 위한 사용자 중심 분산형 마이데이터 플랫폼 구축을 시도하고 있다. 경기도민 데이터 플랫폼은 분산형 PDS 플랫폼으로 구축하여, 개인정보가 사용자의 핸드폰이나 사용자가 지정한 저장장치에만 저장되고, 경기도는 백업 스토리지와 플랫폼만을 운영하는 구조로 데이터를 한곳에 집중하여 저장, 관리하지 않도록 할 계획이다.[8]

데이터 표준관리

데이터 모델 관리를 위하여 여러 유형의 전문 데이터 관리 솔루션이 필요하다. 데이터 표준관리를 위한 메타관리[Metadata Management] 솔루션, 데이터 품질관리를 위한 DQM[Data Quality Management] 솔루션, 기준정보와 참조관리를 위한 MDM[Master Data Management] 솔루션이 필요하다.

마이데이터는 표준 API 등을
사용하여 이동한다

마이데이터 생태계 내의 역할 참여자 간 데이터 이동은 〈3장. 마이데이터는 어떻게 작동하는가?〉에서 살펴본 바와 같이 여러 유형의 마이데이터 이동 형태가 있다. 데이터세트 일괄제공, 파일 다운로드 및 업로드, 스크린 스크래핑, API 전송 등이 그것이다. 정보제공 동의 기반으로 제휴 조직 간 데이터를 이동하는 형태에서는 일반적으로 정보제공 조직이 주기적으로 데이터 세트를 배치형태로 제공한다. 개인이 직접 열람요구권을 행사하여 데이터를 이동하는 경우에는 주로 정보제공 엔터티로부터 개인이 직접 파일형태로 다운로드 받고, 이를 필요한 마이데이터 서비스 엔터티 조직에 업로드 한다. 오퍼레이터 엔터티에게 개인의 열람요구권을 대리 행사하게 하는 경우에는 주로 스크린 스크래핑 방식이 사용되며, 오퍼레이터 엔터티에게 개인의 전송요구권을 대리 행사하게 하는 경우에는 주로 표준 API 방식이 사용된다. 자기주권 신원관리 모델에서는 데이터 이동 시 블록체인을 매개로 활용한다.

스크린 스크래핑

스크린 스크래핑은 고객의 인증정보를 이용하여 계정에 접근한 후, 스크린에 보이는 데이터를 추출하여 개인정보를 수집하는 방식이다. 고객 인증 정보를 마이데이터 조직이 직접 저장 관리하고, 무분별한 개인 신용정보 수집, 사고 발생 시 책임 소재 불분명 등의 문제점이 있다. 금융 마이데이터 분야에서는 「신용정보법」과 시행령에서 본인신용정보관리회사의 행위규칙(제22조의9 제3항, 시행령 행령 제18조의6의 3항, 6항)을 통해 22년 1월부터 마이데이터 사업자의 스크린 스크래핑 사용을 금지하고 API를 이용한 서비스만 제공하도록 하였다.[9] 그러나 정보주체가 전송요구권을 행사할 수 없는 비금융 마이데이터 분야에서 데이터 제공 역할 조직이 자발적으로 API를 제공하지 않는 경우라면 스크린 스크래핑 방법은 향후에도 효율적인 수단으로 계속 사용될 것이다.

표준 API

표준 API 방식은 고객의 개인정보 전송 요청에 따라 정보제공자가 발급한 접근 토큰을 이용하여 개인정보를 수집하는 방식이다. 고객이 부여한 권한 내에서 정보를 수집할 수 있다는 장점이 있다. 표준 API를 사용하기 위해서는 조직간 상호 인증이 필요하다.

금융 마이데이터에서는 표준 API 방식을 중심으로 진행되고 있다. 기존 스크래핑 방식에 비해 기업이 직접 데이터에 접근해 필요한 정보만을

개인신용정보 전송 절차

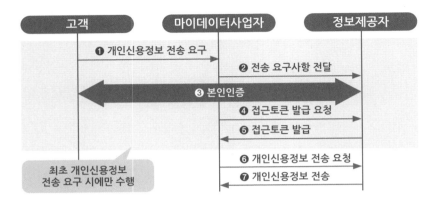

● **(개인신용정보 전송요구)** 고객은 마이데이터사업자가 제공하는 마이데이터서비스를 통해 개인신용정보 전송을 정보제공자에 요구

❷ **(전송 요구사항 전달)** 마이데이터사업자는 고객의 개인신용정보 전송 요구사항을 정보제공자에 전달

❸ **(본인인증)** 정보제공자는 본인인증 수단을 이용하여 개인신용정보 전송을 요구한 고객의 본인인증을 수행

❹ **(접근토큰 발급 요청)** 마이데이터사업자는 개인신용정보 전송 요청 권한을 획득하기 위해 정보제공자에 접근토큰 발급을 요청

❺ **(접근토큰 발급)** 고객이 전송요구한 개인신용정보 전송요구 권한을 포함하는 접근토큰을 생성하여 마이데이터사업자에게 발급

　　※ 최초 개인신용정보 전송요구 시만 ❶~❺ 과정을 수행하며 이후 별도의 변경내역 없이 개인신용정보 전송 시는 기발급된 접근토큰을 이용하여 전송 수행

❻ **(개인신용정보 전송 요청)** 마이데이터사업자는 접근토큰을 이용하여 정보제공자에 고객이 전송 요구한 개인신용정보를 전송할 것을 요청

❼ **(개인신용정보 전송)** 정보제공자는 접근토큰 유효성을 확인하고 고객의 개인신용정보를 마이데이터사업자에게 전송

출처: 금융보안원, 금융분야 마이데이터 기술 가이드라인

수집함으로써 과도한 개인정보 수집과 보안 위험에 대한 부담이 줄어든다. 금융권에서는 금융위원회와 금융보안원을 중심으로 '금융분야 마이데이터 표준 API 규격'[10]을 제시하고 있다. 금융 마이데이터 API 종류로는 인가 코드 및 접근 토큰을 발급하는 인증 API와 개인정보 송수신을 위한

정보제공 API, 정보제공자/마이데이터 사업자를 지원하기 위한 목적으로 종합 포털이 제공하거나 제공받는 지원 API, 3가지가 있다.

금융 마이데이터에서 데이터를 교환하기 위한 API의 메시지 형식은 JSON 방식의 UTF-8 인코딩을 사용한다. 안전한 통신을 위해 TLS 기반 상호인증 및 전송구간 암호화를 사용하며, API 요청 및 응답 교환방식은 REST 방식으로 GET, POST 메소드를 사용한다. 전송요구를 위한 인가·인증 절차는 표준 규격인 OAuth 2.0을 준용하고 있다. 접근 토큰 규격은 JWS를 사용한다. 금융 마이데이터에서 정보제공자와 마이데이터사업자는 데이터 종합 포털에 기관정보 및 TLS인증서를 등록하고 자격증명을 발급받아야 한다.[2]

- **JSON**JavaScript Object Notation : 데이터를 속성·값(Key:Value) 형식으로 표현하는 개방형 표준 메시지 형식
- **TLS**Transport Layer Security : 종단 간 인증, 전송 데이터의 암호화, 무결성을 보장하는 표준 프로토콜Oauth(Open Authentication) 2.0
- **JWS**JSON Web Signature : 토큰 생성에 관한 JSON 기반의 공개 표준

마이데이터 API는 조직내부의 통합 솔루션들 즉 EAIEnterprise Application Integration, ESBEnterprise Service Bus, B2BiB2B Integration, MCIMulti Channel Integration, FEPFront End Processor 등과 연계되어 데이터를 저장하거나, 서비스를 처리해야 한다.

APIM

API를 효율적으로 개발하고 관리하기 위해서는 보안과 성능, 모니터링, 개발생산성 향상을 위해 API관리APIM 솔루션이 필요하다. APIM은 API 게이트웨이, API Portal, API Manager 등으로 구성된다. APIM을 활용하여 조직의 내/외부 API를 보다 쉽게 통합하고, API 개발 생산성을 향상하고, 비정상 API 트래픽을 감시하고, API 서비스 상태를 모니터링한다.

표준 API를 사용하여 마이데이터 생태계 내의 역할 조직들 간에 마이데이터 이동을 촉진시키기 위하여, 두 조직이 직접 API 요청 및 응답 처리를 하지 않고, 중간에 중계기관이 중계역할을 할 수도 있다. 규모가 작은 조직들이 중계기관 통해 마이데이터를 전송하면, 보다 적은 IT투자만으로도 더욱 안전하고, 안정적인 API 서비스를 제공할 수 있다. 금융 마이데이터 분야에서는 금융 마이데이터 중계기관을 두고 있다.

자기주권 신원관리 모델에서의 데이터 이동

자기주권 신원관리 모델SSI에서의 데이터 이동 프로세스는 기존 조직 간 데이터 이동프로세스와 상이하다. 검증 가능한 자격증명 생태계에는 검증가능한 자격증명VC, Verifiable Credentials을 발급하는 발급자Issuer, VC를 발급받아 보관하는 사용자Holder, 사용자가 제출하는 VC를 검증하는 검증자Verifier 유형의 엔티티Entity가 있다. 발급자는 사용자가 요청한 클레임에 대하여 VC를 생성하고 사용자에게 발급한다. 발급받은 VC는 개인이 소지하게 되고, 필요할 때 이를 검증자에게 선택적으로 제출한다. 검증자는 분산원장기술로 구현된 저장소에 저장된 발급자의 VC 발급기록을 확인하는 방식으로 검증을 수행한다.

이를 오프라인에서의 증명서 프로세스와 비교해 보면 유사점과 차이점을 알 수 있다. 오프라인에서는 국가와 같은 신뢰할 수 있는 기관(발급자)이 신분을 증명할 수 있는 운전면허(자격증명)를 발급하고, 이를 소지한 개인(소유자)은 운전면허를 통해 신분 또는 면허사항을 입증하기 위해서 이를 요구하는 곳(검증자)에 제시한다. 디지털 세계에서의 VC가 오프라인 세계와 다른 점은 VC를 검증하기 위해 검증자가 발급자에게 확인을 요청하거나 할 필요 없이 블록체인 저장소의 발급 기록 등을 확인하고 발급기관이 믿을 수 있는 기관인지, 발급 기록이 제시 받은 VC와 일치하는지를 직접 확인할 수 있다는 점이다. 심지어는 발급자가 이미 없어진 경우에도 VC를 검증할 수 있다.

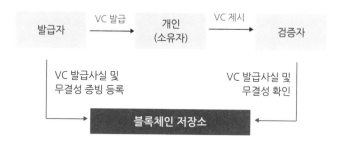

결제수단

마이데이터 생태계 내에서 데이터가 이동됨에 따라 비용과 가치가 발생한다. 문제는 조직별로 발생하는 비용과 가치가 불균등하기 때문에 생태계 내에서 분배하는 메커니즘과 기술이 필요하다. 데이터 제공 역할 엔터티는 마이데이터 서비스 조직에 API 사용료 등을 청구할 수도 있고, 정보주체에게 비용을 청구할 수도 있다. 정보주체가 비용을 지불하는 경우, 전자상거래에서 활용하고 있는 결제수단이 마이데이터 분야에서도 사용될 수 있다.

마이데이터는 데이터마이닝 등을 사용하여 분석하여 활용한다

마이데이터 서비스 엔터티는 정보주체에게 수집된 마이데이터에 대한 통합 조회서비스를 제공한다. 개인 데이터와 기관이나 조직의 기존 보유 데이터와 결합하여 차별화된 개인화 서비스를 제공할 수 있다. 개인자산 관리 서비스, 개인부채관리 서비스 등을 제공하고, 상품 등 추천서비스를 제공할 수도 있다. 이를 위하여 데이터마이닝, 인공지능^AI 기술 등이 사용된다.

데이터마이닝

대규모 데이터로부터 특정한 통계적 특성이나, 패턴을 자동적으로 찾아내는 분석 기술을 데이터마이닝 기술이라고 부른다. 데이터마이닝에는 통계적인 방법에 기반한 다변량분석, 회귀분석, 시계열 분석 등과 컴퓨터 공학에서 발전한 다양한 기계학습 방법, 그리고 인공지능에 이르기까지 다양한 기술이 사용된다. 이들 기술은 분류, 군집화, 연관성 분석, 예측 등의 목적을 위해 주로 사용되는데, 이를 지도학습, 비지도학습, 강화학습 등의 유형으로 구분하기도 한다.

지도학습은 입력 데이터와 출력 데이터의 쌍으로 이루어진 훈련 데이터가 주어졌을 때, 이들 훈련 데이터로부터 필요로 하는 패턴을 찾아내는 데이터마이닝 방법들을 의미한다. 스팸메일과 정상적인 메일의 사례들로부터 스팸메일의 공통패턴을 찾아 실제 메일의 스팸 여부를 판단하는 스팸 분류기와 같은 것들이 지도학습을 이용하는 대표적 예이다. 비지도학습은 출력 데이터가 따로 없이 입력데이터만으로 구성된 훈련 데이터로부터 패턴을 찾아내는 데이터마이닝 방법들이다. 대표적인 것으로 군집화 알고리듬을 들 수 있는데, 이는 주어진 데이터를 서로 비슷한 것들끼리 묶어주는 기준을 찾아내어 준다. 강화학습도 지도학습과 달리 입력-출력데이터의 쌍이 훈련 데이터로 존재하지 않는다. 대신 어떠한 환경 아래서 어떤 행동을 했을 때 그에 따른 보상이 주어지는 것으로부터 장기적으로 보상을 최대화할 수 있는 행동방법의 패턴을 찾아낸다. 유명한 바둑 인공지능 프로그램인 알파고의 핵심 알고리듬도 강화학습을 활용하고 있다.

인공지능 기술

인공지능 기술도 데이터마이닝 기법의 하나이지만, 갈수록 그 중요성과 효용이 커지고 있어 주목할 필요가 있다. 인공지능은 사람의 지능을 필요로 하는 일을 자동화, 전산화하는 모든 경우에 사용할 수 있는 포괄적인 명칭이긴 하지만, 최근 몇 년 사이에만 국한해서 본다면 특히 인공신경의 노드로 구성된 인공신경망을 학습에 이용하는 기술을 가리키는 경우가 대부분이다. 인공신경망 기반의 인공지능 기술은 이미지 식별과 같은 특수한 활용 목적에서 탁월한 효과가 있음이 입증되었다. 이미지 식별을 자동화하려는 수십 년 간의 여러 시도가 크게 성공적이지 못했으나, 2010년대 들어 인공신경망을 이용한 이미지 식별의 정확도가 사람 못지 않은 수준으로 발전하였다. 이후 인공신경망은 이미지 식별 외에도 자연어 처리, 예측, 자율주행 등 여러 분야에서 데이터 활용의 핵심 기술로 각광을 받고 있다.

정보주체가 요구하면 마이데이터를
삭제하여야 한다

정보주체의 요구에 따라 개인정보를 삭제할 때에는 복구 또는 재생되지 아니하도록 조치하여야 한다. 또한 「개인정보 보호법」에서는 정보처리자는 개인정보의 보유 기간이 경과하거나 개인정보의 처리 목적 달성, 해당 서비스의 폐지, 사업의 종료 등 그 개인정보가 불필요하게 되었을 때에는 정당한 사유가 없는 한 그로부터 5일 이내에 그 개인정보를 파기하여야 한다고 규정하고 있다. 단서에 따라 개인정보를 파기하지 아니하고 보존하여야 하는 경우에는 해당 개인정보 또는 개인정보파일을 다른 개인정보와 분리하여서 저장·관리하여야 한다고 규정하고 있다. 이를 위해 보존용 데이터베이스를 분리하여 설계하고, 주기적으로 보존 데이터베이스로 아카이빙 하는 것이 필요하다.

보안과 거버넌스는 마이데이터 가치사슬 전반에 적용되어야 한다

보안은 생성, 저장, 이동, 활용, 삭제 전 라이프사이클에 걸쳐 적용되어야 한다. 「개인정보 보호법」에서는 개인정보처리자는 개인정보의 안전한 관리를 위하여 안전조치의무(제29조)를 이행하여야 한다고 규정한다. 개인정보가 분실·도난·유출·위조·변조 또는 훼손되지 아니하도록 대통령령으로 정하는 바에 따라 안전성 확보에 필요한 기술적·관리적 및 물리적 조치를 하여야 한다. 개인정보의 안전성 확보조치 기준(개인정보 보호위원회 고시 제2020-2호)에서 정한 안전조치의무에는 내부 관리계획의 수립·시행, 접근 권한의 관리, 접근통제, 개인정보의 암호화, 접속기록의 보관 및 점검, 악성프로그램 등 방지, 관리용 단말기의 안전조치, 물리적 안전조치, 재해·재난 대비 안전조치, 개인정보의 파기 등이 있다.

「신용정보법」(제19조)도 신용정보회사 등은 신용정보전산시스템에 대한 제3자의 불법적인 접근, 입력된 정보의 변경·훼손 및 파괴, 그 밖의 위험에 대하여 대통령령으로 정하는 바에 따라 기술적·물리적·관리적 보안

대책을 수립·시행하여야 한다고 규정하고 있다.

　보안은 관리적 보안, 물리적 보안, 기술적 보안으로 구분할 수 있다. 일반적인 정보보호에 추가하여 마이데이터 보안은 API 시스템 관리와 암호 통제가 중요하다. API 시스템 관리를 위하여 자격증명 및 접근 토큰을 안전하게 관리하고 위변조를 방지하기 위한 수단을 마련하여야 한다. API와 관련된 시스템에 방화벽, 침입탐지·차단 시스템, 망분리, 백신 소프트웨어 등 외부 공격 시도에 대한 방어 장치를 마련해야 한다. 또한 비정상적인 API 접근을 모니터링하고 필요 시 API의 접근 제한 등을 수행할 수 있어야 한다. 개인정보를 암호화하여 저장하고 전송하여야 한다. 그리고 암호키를 안전하게 관리하여야 한다.[9]

금융분야 마이데이터 기술 가이드라인에 제시된 보안사항 요약

관리적 보안사항

❶ 마이데이터 조직은 '개인정보보호 책임자'(금융분야 '신용정보관리·보호인')를 지정하여야 한다. 보호책임자는 보호 계획 수립·시행 등의 업무를 수행한다. 또한 개인정보 관리 및 보호 실태 점검하고 보고하여야 한다.

❷ 개인정보보호 교육(개인신용정보 보호 교육)을 실시하여야 한다.

❸ 정보보호 체계 공시(신용정보 활용체제 공시)를 하여야 한다.

❹ 개인정보를 수집하고 처리하는 목적을 명확히 하고, 개인정보 처리 기록을 보존하여야 한다.

❺ 시스템 접근 관리를 하여야 한다.

❻ 업무별 권한과 책임을 분산시켜 직무 간 상호견제를 할 수 있도록 직무분리를 하여야 한다.

❼ API 시스템 관리를 하여야 한다.

❽ 이용자 보호를 하여야 한다. 개인정보 누설 시 정보주체에게 지체없이 통지하여야 한다. 대규모 개인정보 누설시 추가적인 방법으로 개인정보 누설을 알려야 하며, 신고서를 제출하여야 한다.

❾ 재해·재난에 대응 대비를 하여야 한다. 백업 및 복구 시스템 운영하여야 한다.

물리적 보안사항

❶ 접근통제를 하여야 한다. 물리적 접근 방지를 위한 출입통제 시스템을 설치하여, 출입통제 절차에 따라 출입하여야 한다. 출입내역을 기록하고 관리하여야 한다. 보조저장매체 반·출입을 통제하여야 한다. 외부자 출입을 통제하여야 한다. 제휴, 위탁 또는 외부주문에 의한 개발업무에 사용되는 업무장소 및 전산설비는 내부 업무용과 분리하여 설치 및 운영하여야 한다.

❷ 물리적 보안을 하여야 한다. 안전한 물리적 보안설비(통신회선 이중화, CCTV 등)를 갖추어야 한다. 개인정보가 포함된 문서는 보존기간을 정하여 잠금장치가 있는 캐비넷 등 안전한 장소에 보관하며 열람, 대여 등에 관한 통제시스템을 확립하고 시행한다.

기술적 보안사항

❶ 비밀번호 관리해야 한다. 추측하기 쉬운 숫자를 비밀번호로 이용하지 않도록 비밀번호 작성 규칙을 수립하고 이행한다.

❷ 암호 통제를 하여야 한다. 개인정보 암호화, 단말 저장 시 암호화, 통신구간 암호화, 암호키 관리를 하여야 한다.

❸ 시스템 보안을 시행하여야 한다. 망분리, 침입차단·탐지시스템 설치 및 운영, 백신소프트웨어 설치·관리를 하여야 한다.

❹ 개인정보를 수집하고 처리하는 목적을 명확히 하고, 개인정보 처리 기록을 보존하여야 한다.

❺ 출력·복사 시 보호조치를 시행하여야 한다. 출력·복사 보호 내부시스템 구축, 출력항목 최소화, 출력·복사 시 기록·관리, 외부 전송 사전 승인을 하여야 한다.

데이터 보호기술

개인데이터를 활용하면서 동시에 정보주체의 프라이버시를 보호하기 위해서 다양한 기술이 사용된다. 데이터가 특정 개인에 대한 것임을 알 수 없게 처리하는 가명화·익명화 기술과 차분 프라이버시, 특수한 암호처리

기술인 동형암호 등이 있다.

가명화 · 익명화 기술

가명화란 개인정보를 추가적 정보를 사용하지 않고는 더 이상 원래의 개인정보를 알아볼 수 없는 상태로 만드는 것이다. 여기에서 한 걸음 더

비식별처리 방법

처리기법	예시	세부기술
가명처리	홍길동, 35세, 서울거주, 한국대 재학 → 임꺽정, 30대, 서울 거주, 국제대 재학	휴리스틱 가명화 암호화 교환방법
총계처리	임꺽정 180cm, 홍길동 170cm, 이콩쥐 160cm, 김팥쥐 150cm → 물리학과 학생 키 합: 660cm, 　평균키: 165cm	총계처리 부분총계 라운딩 재배열
데이터 삭제	주민등록번호 901206-1234567 → 90년대생, 남자	식별자삭제 식별자 부분삭제 레코드삭제 식별요소 전부삭제
데이터 범주화	홍길동, 35세 → 홍씨, 30~40세	감추기 랜덤 라운딩 범위 방법 제어 라운딩
데이터 마스킹	홍길동, 35세, 서울 거주, 한국대 재학 → 홍ㅇㅇ, 35세, 서울 거주, ㅇㅇ대학 재학	임의잡음 추가 공백과 대체

출처: 2016 정부부처합동 비식별조치 가이드라인

나아가 추가적인 정보를 사용하여도 더 이상 개인을 식별할 수 없는 정도까지 데이터를 처리하는 것을 익명화라 한다. 가명화와 익명화를 아울러 개인을 알아볼 수 없도록 처리하는 것을 비식별조치라고 부르기도 한다.

개인을 알아볼 수 없도록 처리하는 방법으로는 가명처리, 총계처리, 데이터삭제, 데이터범주화, 데이터마스킹 등의 기술을 조합하는 처리법이 주로 사용된다.

차분 프라이버시

차분 프라이버시Differential Privacy는 새로운 가명화 기술로서 임의의 한 개인이 포함된 정보집합물과 포함되지 않은 정보집합물에 각각 질의query했을 경우, 응답값을 통해 특정개인의 존재여부를 알 수 없도록 하는 기법이다.[11] 임의의 한 개인의 프라이버시를 침해하려는 공격자가 해당 개인이 포함된 또는 포함되지 않은 두 정보집합물에 각각 질의를 수행하고 응답값을 분석하여 해당 개인의 정보를 알아낼 수 있을 때, 차분 프라이버시는 각각의 응답값에 노이즈를 추가함으로써 응답값들의 분포가 일정 기준 이하의 차이를 갖도록 하여 프라이버시를 보호한다. 구글은 크롬 브라우저 이용자들의 특정 웹사이트 접근기록에 대해 차분 프라이버시를 적용하여 정보를 수집하고, 해당 정보의 통계를 이용해 악성소프트웨어 및 웹페이지의 특성을 파악하여 클라이언트에게 악의적인 사이트를 차단하는 기술을 제공하고 있다.

동형암호

차세대 암호화 기술인 동형암호Homomorphic Encryption를 주목해 볼 필요가 있다. 기존 암호화 방법은 암호화된 데이터를 처리하기 위해서는 먼저 평문으로 복호화 해야 하나, 동형암호 방법은 암호화된 상태에서 데이터를 결합하고, 연산, 분석 등을 할 수 있는 차세대 수학 기법이다.[11] 암호문의 연산결과를 복호화한 값이 암호화하지 않은 평문의 연산결과와 동일하기 때문에 데이터의 유출에 대한 걱정 없이 분석 결과만을 얻을 수 있다.

우리나라에서는 2020년 국민연금공단과 코리아크레딧뷰로KCB가 235만 명의 국민연금데이터와 KCB의 신용데이터를 결합하고 분석하는 테스트를 동형암호기술을 이용해 진행했었다. 이는 데이터 유출 위험을 원천 차단하면서 서로 다른 기관이 보유하고 있는 이종 데이터를 결합하고 이를 분석하는 세계 최초의 동형암호 상용화 사례라 할 수 있다.

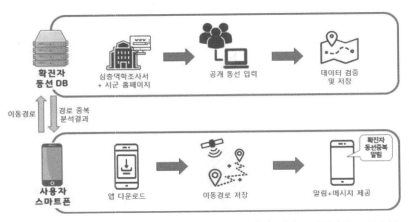

출처: 경기도, 보도자료, 2021.1.24.

경기도는 서울대와 협력해 코로나19 확진자의 공개된 동선과 자신의 최근 2주간 동선을 비교한 후 접촉 위험도를 알려주는 '코로나 접촉 위험 알림 서비스(앱 코로나 동선 안심이)'를 제공하고 있다.[12] 동형암호 기술을 적용해 개인의 위치정보를 암호화된 상태로 본인 핸드폰에 저장한 후 복호화 처리없이 확진자 동선과 비교하기 때문에 이동경로 등 개인정보 노출 걱정이 없다. 이를 통해 기존 제공되던 '안전 안내 문자'와 '확진자 동선 정보'의 일방향 단순정보 제공으로 인한 불안감과 문자 피로도를 피하고, 개개인이 능동적으로 개인정보 노출 위험 없이 코로나 위험도를 확인하고 방역활동에 참여할 수 있게 유도하고 있다.

마이데이터 거버넌스

마이데이터 거버넌스를 위해서는 정보주체의 동의 및 위임 등 허용범위 내에서 마이데이터가 처리되는지를 보장하고, 정보주체 및 감독기관의 요구에 대응하여 이를 입증할 수 있어야 한다. 이를 위해서는 접속기록의 보관, 마이데이터 전송, 이용, 제공 이력 등을 작성 및 보관하여야 한다. 그리고 주기적으로 마이데이터 전송 기록을 정보주체에게 통지하여야 한다.

PART 4

마이데이터로
수익을 창출하려면

9 장

마이데이터 비즈니스 모델에는 어떤 것이 있을까?

'마이데이터'에 대한 용어가 나오고 이에 대한 관심이 본격화되기 이전에도 몇몇 기업들은 개인의 동의 기반으로 개인정보를 활용하는 비즈니스를 전개하고 있었다. 2014년부터 비즈니스를 시작한 〈토스〉는 간편송금서비스를 시작으로 자산관리 서비스를 제공해오고 있다. 〈뱅크샐러드〉 역시 2017년부터 토스와 유사한 자산 관리서비스를 제공해오고 있다. 〈토스〉와 〈뱅크샐러드〉는 개인의 동의 기반으로 예적금, 대출정보, 카드 사용 내역, 보험 가입내역, 연금 정보 그리고 개인의 차량 데이터, 부동산 데이터 등 여러 금융 기관에 흩어져 있는 개인의 금융정보와 자산 정보를 모아 자산관리 서비스를 제공하고 있다. 이렇게 마이데이터 관련 법제도가 시행되기 이전에도 개인에게 통합적인 정보를 제공하는 서비스는 존재하고 있었다.

그렇다면 개인의 정보이동권을 보장하는 마이데이터가 본격화되면서 새롭게 생기거나 달라지는 비즈니스 모델은 어떤 것들이 있을까? 앞서 마이데이터 개념과 작동 유형, 마이데이터 관련 법, 기술들을 통해 기존서비스와 마이데이터의 차이점을 살펴보았다. 이 장에서는 마이데이터 생태계의 역할 개념을 중심으로 두 가지 개념의 비즈니스 모델을 생각해 본다. 개인은 최종 사용자로 자신의 개인정보를 활용하여 제공되는 다양한 서비스를 통해 효용 가치를 높이게 된다. 따라서 최종 사용자인 개인을 위한 여러 가지 비즈니스 모델을 먼저 생각해 볼 수 있다. 이를 프런트엔드 서비스로 구분하였다.

최종 사용자에게 가치 있는 서비스를 제공하는 것은 궁극적인 마이데이터 서비스의 목표이다. 마이데이터에는 새로운 역할 개념이 있다. 정보 주체, 정보 제공(기업 또는 개인), 마이데이터서비스(기업), 오퍼레이터 등과 같은 역할들이 그것이다. 이렇게 마이데이터로 인해 새롭게 나타난 역할이 각각의 책임을 수행하는 것을 지원하는 비즈니스 모델을 백엔드 서비스로 구분하였다.

마이데이터 비즈니스 모델

최종 사용자

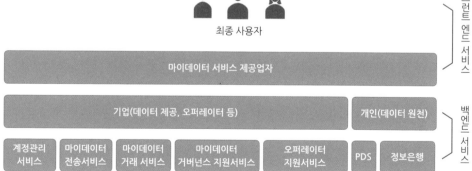

프런트엔드 서비스:
최종 사용자 가치를 제공한다

마이데이터 서비스는 궁극적으로 최종 사용자에게 가치를 제공해야 한다. 이때 최종 사용자가 원하는 가치가 무엇이며 이를 어떻게 충족시켜 줄 것인지는 마이데이터 서비스 제공 기업들의 경쟁력의 원천이 될 것이다. 어느 기업이 고객이 원하는 가치를 제공하여 마이데이터 서비스 생태계를 선점할 것인지 기업들의 생존을 건 게임이 시작되었다.

2019년 한국 데이터 산업진흥원에서 만 20세~69세의 우리 국민 3천여 명을 대상으로 실시한 마이데이터 관련 조사[1]에 의하면, 국민들은 마이데이터를 통해 기대되는 변화를 편리한 서비스 57.8%, 금전적 혜택 42.5%, 사회적 기여 31.6%, 산업발전 기여 30.8%, 연구기여 19.3%로 꼽고 있다. 기관은 개인정보 활용 서비스의 효과를 만족도 향상 65.5%, 고객 확대 56.5%, 매출확대 44.1%, 비즈니스 창출 30.5%로 꼽고 있다. 개인과 기관의 표현의 차이는 있지만, 결국 개인의 편리한 서비스 제공을 통한 고객만족도 향상과 고객확대 및 새로운 비즈니스 모델을 통한 매출 확대까지를 염두에 두고 있는 것이다.

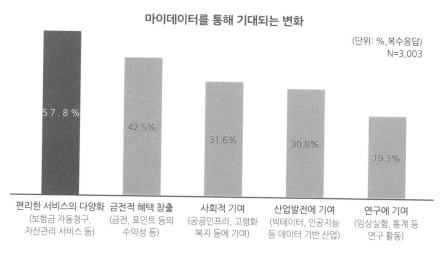

마이데이터를 통해 기대되는 변화

(단위: %,복수응답)
N=3,003

57.8 %
42.5%
31.6%
30.8%
19.3%

편리한 서비스의 다양화
(보험금 자동청구,
자산관리 서비스 등)

금전적 혜택 창출
(금전, 포인트 등의
수익성 등)

사회적 기여
(공공인프라, 고령화
복지 등에 기여)

산업발전에 기여
(빅테이터, 인공지능
등 데이터 기반 산업)

연구에 기여
(임상실험, 통계 등
연구 활동)

출처: 한국데이터산업진흥원, 2019 마이데이터 현황 조사(2019)[1]

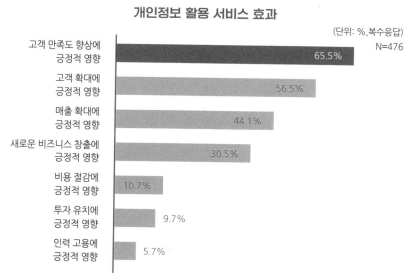

개인정보 활용 서비스 효과

(단위: %,복수응답)
N=476

고객 만족도 향상에
긍정적 영향   65.5%

고객 확대에
긍정적 영향   56.5%

매출 확대에
긍정적 영향   44.1%

새로운 비즈니스 창출에
긍정적 영향   30.5%

비용 절감에
긍정적 영향 10.7%

투자 유치에
긍정적 영향   9.7%

인력 고용에
긍정적 영향 5.7%

출처: 한국데이터산업진흥원, 2019 마이데이터 현황 조사(2019)[1]

프런트엔드 서비스 중심의 비즈니스 모델

가치 제안	산업영역	제공 서비스 종류	대표 사례
편리한 서비스	금융	자산(재무)관리 서비스	토스 뱅크샐러드 KB국민은행 'KB마이데이터' 신한은행 '머니버스' 하나은행 '하나 합' 우리은행 '우리마이데이터' 영국의 MI Finance 미국의 Mint
	의료	개인 건강정보 포털 및 의료정보	마이헬쓰웨이 미국의 블루버튼
	공공	공공마이데이터 서비스	다양한 꾸러미 사업 (ex, 은행 신용대출마이꾸러미 등)
	교육	교육정보 및 교육비 포털	미국의 마이스튜던트버튼
금전적 혜택	Multi	정보제공자과 정보수 요자를 연결	캐나다 KILLI 미국의 UBD
	의료	의료정보제공자에게 금전적 혜택 제공	Exdata
사회적 기여 산업 발전 기여 연구기여	공공	연구자를 위한 매칭 및 분석 서비스	코난테크놀러지㈜와 국회도서관의 스 칼라뱅크 구축
	공공	교통수단 클린 이용 서비스	서울특별시 포스트코로나19대비 공 공 교통수단 클린이용서비스

다양한 산업 영역에서 마이데이터를 활용한 비즈니스 모델들이 만들어지고 있다. 이러한 서비스를 최종 사용자가 얻는 가치를 중심으로 분류해 볼 수 있다. 특정 서비스가 어느 하나의 가치만을 제안하는 것은 아니다. 대부분의 서비스는 편리한 서비스를 제공하면서 개인의 금전적 혜택이라는 가치도 간접적으로 제공을 한다. 더 나아가서 축적된 개인정보를 통해 사회·산업발전·연구에도 기여하게 된다. 자산관리 서비스를 예로 들면 여러 기관에 흩어진 개인의 자산을 한눈에 볼 수 있는 서비스를 통해 편리함이라는 가치를 준다. 개인정보를 분석하여 개인에게 맞는 예적금·대출·카드·보험 상품 추천을 통해 개인은 경제적 혜택이라는 가치도 얻게 된다. 이렇게 쌓인 데이터는 익명성을 통한 분석을 통해 사회·산업발전·연구에도 도움을 준다. 비즈니스 모델 분류는 편의상 분류임을 밝혀둔다.

편리한 서비스

정보주체인 개인에 대한 데이터를 통합하여 제공함으로써 개인의 생활을 보다 편리하게 해주는 서비스이다. 금융권과 테크기업을 중심으로 각 금융기관에 흩어져 있는 예금, 보험, 연금, 카드 사용내역 등을 통합 관리할 수 있는 서비스를 제공해주고 이와 더불어 개인화된 금융 상품을 추천해 주는 서비스가 대표적이다. 의료산업에서도 개인의 진단 정보와 처방 정보 그리고 건강검진 정보들을 한 곳에서 볼 수 있는 서비스가 제공되고 있다.

2014년 3월에 출시된 토스는 간편송금 서비스로 시작하였다. 토스앱에서는 금융 자산 정보와 카드 청구 금액을 타임라인으로 보여준다. 금융상품 추천에 초점을 두고 적금, P2P 분산투자, 은행 상품 추천 서비스 등을 제공한다. 더불어 신용정보 관리 업체와 연계해 신용등급 조회 서비스를 제공하고 있다. 신용 관리에 대한 다양한 팁을 제공하고 신용 등급에 변화가 생기면 문자를 통해 관련 정보를 제공한다. 토스에서 제공하는 대표적인 서비스로 '병원비 돌려받기 서비스'가 있다. 이를 이용하면 복잡한 보험금 청구 과정을 거치지 않고 쉽고 간편하게 보험금 청구를 진행할 수 있다. 최근 4개월 기준 병원 및 약국에서 결재된 내역을 토스에 연결된 카드에서 자동으로 조회해 보여준다. 보험금을 돌려받을 정보를 입력하면 누구나 쉽고 간편하게 실손 의료보험과 기타 보장성 보험에 대해 청구할 수 있다. 토스는 2020년 기준 가입자수 1800만 명을 보유하고 있다고 발표하였다.[2]

2022년 1월 스크린 스크래핑 방식이 아닌 표준 API를 활용한 금융권 마이데이터 서비스의 본격적인 시작을 앞두고 있다. 이를 위해 2021년 12월부터는 마이데이터 시범서비스가 시작되었다. 12월 1일 기준으로 은행과 증권회사, 카드사, 상호금융 및 핀테크 회사 등 17개의 기관이 마이데이터 시범서비스를 제공하고 있다. 신한 은행의 경우 자사의 모바일 앱인 '쏠SOL'에서 '머니버스Money Verse'라는 이름으로 마이데이터 서비스를 제공하고 있다. 머니버스는 개인의 금융 자산뿐만 아니라 건강이나 유무형 자산 등 소유한 모든 것이 돈이 되는 세상을 뜻 한다. 머니가 태어나고 Money Birth, 머니에 올라타고Money Bus, 머니를 즐기는 곳Money Verse를 의미한다. 여러 기관에 흩어져 있는 자산을 관리하고 초개인화된 상품 추천이 제공된다. MY캘린더 기능을 활용하여 아파트 청약, IPO 일정, 개인의

금융거래 관련 일정 등을 관리할 수 있다.[3]

신한은행 디지털 자산관리 플랫폼 머니버스

출처: 신한은행 블로그[3]

　지난 2021년 2월 24일, 정부는 국민이 의료분야 마이데이터를 실제 피부로 체감할 수 있도록 공공기관 건강정보를 스마트폰에서 조회·저장·활용할 수 있는 〈나의건강기록〉 앱을 출시하였다.[4] 개인은 〈나의건강기록〉 앱을 통해서 진료이력과 건강검진이력, 투약이력, 예방접종이력을 통합·관리할 수 있다. 본인이 원하는 경우, 진료 및 건강관리 서비스를 받을 수 있도록 본인 건강정보를 원하는 곳에 전송할 수도 있다. 정부는 마이헬스웨이 플랫폼을 구축하여 정보주체가 〈나의건강기록〉 앱과 함께 다양한 의료기관·건강관리업체의 마이데이터 앱을 통해서 직접 개인 데이터를 조회·저장·활용할 수 있게 하려는 계획을 가지고 있다.[4]

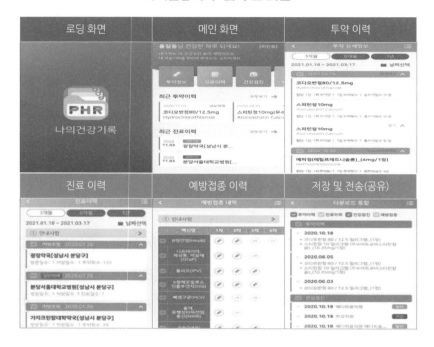

금전적 혜택

개인의 정보 제공의 대가로 금전적 혜택을 직접적으로 얻는 것이다. 아직까지 개인정보제공의 대가로 직접적인 금전적 혜택을 개인에게 제공하는 사례가 체감할 정도로 다양하거나 제공되는 금전적 혜택이 크다고 할수는 없다. 개인에게 데이터에 대한 금전적 혜택을 제공하기 위해 데이터의 가치를 어떻게 평가할 것인가는 여전히 숙제로 남아 있지만 개인의 데이터에 대해 정당한 대가를 지불하려는 움직임은 지속되고 있다. 마이데이터 서비스를 제공하는 기업 입장에서는 각 기업이 갖는 비즈니스 모델과 그로인해 발생하는 이익의 규모에 따라 데이터의 가치가 달라질 수 있다.

캐나다에 본사를 둔 KILLI는 정보주체인 개인의 적극적인 데이터 주권 행사를 지원하는 방안으로 개인 데이터의 수요자와 연결하고 이를 통해 개인 데이터에 대한 금전적 가치를 개인에게 돌려주는 플랫폼을 제공한다. KILLI는 개인 데이터를 활용하는 플랫폼 기업의 매출, 이익, 고객 수 등을 활용하여 개인 데이터의 금전적 가치를 추정하기도 하였다. 개인 데이터는 기업의 수익 창출의 원천이 되는 만큼 기업이 벌어들이는 매출에 합당한 정당한 가치가 부여되어야 한다는 이야기이다. 이에 따르면 페이스북facebook의 개인 데이터 가치는 367달러, 구글Google 197달러, 아마존Amazon 130달러, 넷플릭스Netflex 128달러라고 이야기한다.[5, 6] KILLI의 홈페이지에는 "Take Back what's yours. Access your data. Your data belongs to you. All of it should be in your hands, not Big Tech's."라는 문구와 함께 "Reklaim my data"라는 단추를 눌러 KILLI가 제공하는 서비스에 접근할 수 있게 한다. 또한 KILLI가 가장 많은 개인 데이터의 가치를 추정하고 있는 기업은 Facebook인데 "Facebook is reckless with your data. It's time to take it back.(페이스북은 당신의 데이터에 신중하지 못합니다. 이제 당신의 데이터를 회수할 시간입니다.)"이라는 글을 자사 홈페이지 메인 화면에 보여주고 있다.[5]

　직접적인 금전 혜택을 제공하는 사례로 UBDI와 Exdata의 사례가 있다.

　UBDI는 자사의 플랫폼을 통해 개인의 동의하에 개인정보를 제공받아 제3서비스를 제공하는 별도의 기업에게 데이터 서비스를 제공하는 기업이다. 데이터를 제공함으로써 적게는 5달러에서 많게는 200달러에 달하는 수익을 창출한 개인의 사례를 보유하고 있다.[7]

UBDI 홈페이지 화면[7]

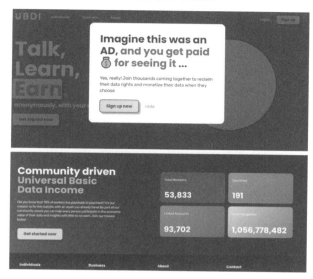

의료분야 마이데이터 서비스 사례인 Exdata.io는 개인이 제공하는 정보
에 따라 정해진 보상을 받을 수 있는 비즈니스 모델을 구현하고 있다.

Exdata 홈페이지 화면[8]

사회, 산업발전, 연구 등에 기여

개인데이터 제공으로 다양한 사회 문제를 해결하고, 산업 발전과 연구 등에 기여하는 영역이 이에 속한다. 이 영역에 해당하는 사례로는 2019년 과기정통부 실증 사업 중 코난테크놀로지(주)가 국회도서관과 함께 진행한 연구자를 위한 매칭 및 분석 서비스가 있다. 국회도서관으로부터 수집된 학술연구자 정보를 활용하여 연구자를 위한 전문서비스 '스칼라뱅크'를 구축하였다.[9] 2020년에는 역시 과기정통부 실증 사업으로 서울특별시 컨소시엄(공공)이 서울시내 버스, 지하철, 택시 등 개인의 공공 교통 이용 내역을 한눈에 확인하고, 안전한 공공교통수단을 선택할 수 있는 교통 마이데이터 플랫폼을 구축하였다.[10] 개인은 플랫폼을 통해 자신의 교통 이용 내역을 서울시에 제공하여 보상(토큰)을 받고, 서울시는 개인이 제공한 데이터를 바탕으로 대중교통 혼잡도 관리, 방역관리 등 공공서비스 개선에 활용하였다.[10]

백엔드 서비스:
마이데이터 생태계를 지원한다

마이데이터 서비스로 인해 마이데이터 생태계에 참여하는 새로운 역할들이 생겼다. 새롭게 나타난 생태계에서의 역할을 잘하기 위해서는 이들을 지원하는 다양한 지원 서비스가 필요하다. 사용자에게 직접적으로 가치를 제공하는 프런트엔드 서비스 외에 마이데이터 생태계 역할 참여자들을 목표 고객으로 하는 새로운 비즈니스 모델을 백엔드 서비스로 구분해 볼 수 있다. 마이데이터 생태계에서의 역할 참여자들은 데이터 소유자인 정보주체로서의 개인, 정보제공자인 기업, 마이데이터를 활용하여 개인화 서비스를 제공하는 기업, 마이데이터의 관리 및 전송 등을 지원하는 오퍼레이터 등으로 이들을 지원하기 위한 백엔드 서비스의 예를 간략하게 살펴보겠다.

백앤드 서비스 중심의 비즈니스 모델

마이데이터 생태계 내에서의 역할	지원 서비스
정보주체(개인)	PDS 정보은행
정보 제공(기업) 마이데이터 서비스(기업) 오퍼레이터(기업)	계정관리 서비스 마이데이터전송 서비스 마이데이터 거래 서비스 마이데이터 거버넌스 지원 서비스 마이데이터 오퍼레이터 지원 서비스

PDS 서비스를 제공하는 PDS 사업자는 개인의 동의를 얻어 개인정보를 수집한다. 개인을 대신하여 마이데이터를 수집, 관리하고 개인정보 관리를 지원한다. 개인 고객에게 개인정보의 저장 공간을 무료로 제공하기도 하고 데이터 가공, 조회, 분석 툴을 활용할 수도 있다. 그리고 개인 데이터 거래 관련된 포털Portal 기능을 제공할 수 있다. PDS 서비스에서는 정보은행Information Bank과는 달리 개인이 데이터 판매 여부 및 거래 기업을 직접 결정한다.

정보은행Information Bank은 정보주체의 개인정보를 수집하고 관리하면서 정보주체로부터 데이터 관리 전반을 위임받아 대신 수행한다. 정보은행은 개인정보를 판매할 때 개인과 미리 합의한 약관에 따라 제3자에게 정보를 제공한다. 개인정보를 원하는 기업으로부터 요청을 받으면 개인정보 제공의 적절성을 판단하고 필요할 경우에는 개인정보를 익명화하여 제공할 수도 있다. 정보은행은 개인정보를 판매하여 발생한 수익 중 일부를 개인정보 관리요금으로 정보주체로부터 받을 수 있다. 즉, 정보은행은 데이터 구매를 원하는 기업으로부터 개인정보 제공 대가를 받아 정보은행이 개인에게 제공하는 데이터 관리 비용을 제외하고 나머지를 개인에게 제공한다.

계정관리 서비스는 개별신원관리모델, 중앙집중형 신원관리모델, 연합신원관리모델, 자기주권신원관리 모델로 구분할 수 있다. 디지털 인증을 통해 개인정보를 안전하게 보호하면서 다양한 웹 사이트나 앱에 안전하게 접속할 수 있게 한다.

마이데이터 전송서비스는 개인 또는 데이터 제공기업의 데이터 저장소에 보관하고 있는 개인정보를 원하는 기업으로 전송을 지원하는 서비스이다. 특정분야의 데이터를 수집하여 이 데이터를 사용하여 개인화서비스를 제공하고자 하는 데이터 활용 기업에게 제공하는 형태가 있고, 특정분야뿐만이 아닌 다양한 원천으로부터 수집한 개인정보를 데이터 활용 기업에게 전송해 주는 서비스가 있다.[11]

마이데이터 거래서비스를 지원하는 비즈니스 모델은 주로 거래 플랫폼 구현을 지원하는 서비스이다.

마이데이터 거버넌스 지원서비스는 정보주체인 개인에게 마이데이터의 투명성과 책임성의 제공을 지원하는 서비스이다. 정보주체의 개인정보 제공 및 활용에 대해 통합적으로 파악할 수 있게 하는 서비스를 포함한다.

마이데이터 오퍼레이터 지원서비스는 마이데이터 운영서비스의 기능을 지원하는 서비스이다. 인프라 운영 및 도구 제공을 지원한다.

10 | 장

마이데이터 비즈니스 사례

비즈니스 모델은 하나의 조직이 어떻게 가치를 창조하고 전파하며 포착해내는지를 합리적이고 체계적으로 묘사해 낸 것이라고 정의된다.[1] 그렇다면 마이데이터 비즈니스 모델은 마이데이터를 주요 자원으로 조직이 가치를 창조하고 전파하며 포착해 내는 방안을 합리적이고 체계적으로 묘사해 낸 것으로 볼 수 있다. 여기에서는 비즈니스 모델 설계를 위해 성공 가능성을 높이는 검증된 방법으로 잘 알려진 알렉산더 오스터왈더와 예스 피구누어의 비즈니스 모델 캔버스Business Model Canvas, BCM라는 그래픽 템플릿을 활용한다. 이는 한 장의 캔버스에 비즈니스 모델의 핵심 구성 요소를 담고 도식화하는 것으로 9가지 빌딩블록으로 구성된다.[1]

비즈니스 모델 캔버스

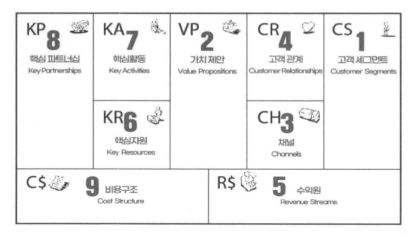

출처: 알렉산더 오스터왈더, 예스 피그누어, "비즈니스 모델의 탄생"[1]

① 고객 세그먼트Customer Segments

우리의 중요한 고객이 누구인가? 기업은 고객의 니즈Needs와 행동 특징Behavior 그외 고객의 특성에 따라 고객 세그먼트를 분류한다. 마이데이터 비즈니스 모델에서는 정보주체인 개인 고객을 대상으로 하는 비즈니스(B2C 비즈니스)와 마이데이터를 제공하거나 이를 이용하여 서비스를 제공하는 기업 고객을 대상으로 하는 비즈니스(B2B 비즈니스)로 고객 세그먼트를 크게 나누어 볼 수 있다.

② 가치 제안Value Propositions

고객에게 어떤 가치를 전달할 것인가? 기업이 고객에게 전달하는 가치는 고객이 가지고 있는 어려움을 해결해 주거나 고객의 니즈를 충족시켜 주는 역할을 한다. 기업이 제공하는 가치는 고객 세그먼트별로 그들이 가진 니즈에 맞는 상품 또는 서비스를 제공하는 것이다. 마이데이터 비즈니스 모델에서 가치 제안의 예로, 마이데이터 비즈니스에 참여하는 기업 고객에게는 마이데이터를 활용할 수 있는 기반을 만들어 주는 것이다. 정보 주체인 개인 고객에게는 다양한 개인 데이터를 쉽게 관리할 수 있는 방안을 제공해 준다. 또한 최종 사용자인 개인고객에게는 다양한 서비스 모델을 통해 효용가치를 높여준다.

③ 채널Channels

기업이 고객 세그먼트에게 가치를 제안하기 위해 상품이나 서비스를 전달하는 다양한 방법을 의미한다. 고객과 접촉하는 다양한 수단이 바로 채널이다. 고객 세그먼트에 따라 활용하는 채널은 달라질 수 있다. 채널은 고객 경험User Experience에 중요한 영향을 미치는 접촉 수단이다. 마이데이터 비즈니스 모델에서는 주로 웹사이트와 모바일앱 채널이 사용된다.

④ 고객 관계Customer Relationships

각각의 고객 세그먼트와 어떤 형태로 관계를 맺을 것인가를 의미한다. 여기에는 개별어시스트를 하는 방식과 자동화된 방식 그리고 신제품의 디자인에 고객을 참여시킨다든가, 고객스스로 컨텐츠를 창조해내게 하는 방식을 포함하는 코크리에이션 방식co-creation 등이 있다.

⑤ 수익원Revenue Streams

기업이 각각의 고객 세그먼트로부터 발생시키는 수익원을 의미한다.

일회성의 매출 또는 구독경제와 같이 지속가능한 매출의 형태가 있다. 상품의 판매, 사용료, 가입비, 임대료, 라이센싱 비용, 중개수수료등은 수익원의 예이다.

⑥ **핵심자원**Key Resources

기업의 비즈니스를 진행하기 위해 필요한 중요한 자원을 의미한다. 기업이 가지고 있는 비즈니스 모델에 따라 필요한 핵심자원은 다를 수 있다. 핵심자원은 물적 자원, 지적 자산, 인적 자원, 재무 자원으로 분류한다. 기업은 이러한 자원들을 이용해 가치 제안Value Proposition을 창조하고 고객들에게 제안함으로써 수익을 창출한다. 핵심자원을 기업이 모두 소유할 필요는 없다. 리스 또는 주요 파트너들로부터 얻을 수도 있다.

⑦ **핵심활동**Key Activities

기업이 비즈니스 모델을 수행해 나가는 데 있어서 해야 하는 중요한 활동들을 의미한다. 핵심활동의 예로는 생산, 문제해결, 플랫폼/네트워크 등이 있다.

⑧ **핵심 파트너십**Key Partnerships

기업의 비즈니스 모델을 원활히 하기 위해서 맺는 수요자 또는 공급자 네트워크를 의미한다. 기업은 최적화와 규모의 경제 달성, 리스크 및 불확실성의 해소, 자원 및 자체 수행하지 못하는 활동들을 공급 받기 위해 외부와 파트너십을 맺는다.

⑨ **비용구조** Cost Structure

기업이 비즈니스 모델을 원활히 운영하기 위해 소요되는 모든 비용을 의미한다. 핵심자원을 확보하거나 핵심활동을 수행하는 데는 비용이 수반된다. 비즈니스 모델을 만들 때 비용 절감에 초점을 맞추는 비용주도Cost-driven와 비용보다는 가치에 더 중점을 두는 가치주도Value-driven 방식이 있다. 비용구조에서 고려해야 하는 요소로는 고정비, 변동비, 규모의 경제, 범위의 경제 등이 있다.

마이데이터 사례를 알렉산더 오스터왈더와 예스피그누어의 비즈니스 모델 캔버스에 입각해서 이야기를 해보려고 한다. 이를 위해 4가지 비즈니스 사례를 선정하였다. 미국의 개인 재무 관리 서비스인 민트Mint, 국가 주도하에 민간의 자발적 참여를 유도하는 미국의 스마트공개 제도, 개인정보를 취합하고 이를 판매하는 개인정보 저장 서비스로서의 디지미digi.me, 그리고 마지막으로 개인정보 저장 서비스보다 한 발 더 나아가 데이터 신탁의 개념으로 이야기되고 있는 일본의 정보은행 사례이다.

개인자산관리를 통해 편리한 금융 서비스를 제공하는 미국 민트^{Mint}

민트^{Mint}는 2006년 설립된 개인금융관리서비스 회사로, Money Intelligence의 줄인 말이다. 설립된 지 3년만인 2009년에 개인 및 소기업 전문 재무 소프트웨어 회사인 인튜잇^{Intuit}에 1억 7천만 달러에 매각되어 현재는 인튜잇 민트라 불린다. 인튜잇사는 우리에게는 익숙히 알려진 회사가 아니지만 미국에서는 퀴큰^{Quicken Online}이라는 시장지배적인 재무관리 소프트웨어로 잘 알려진 회사이다.

민트의 비즈니스 모델은 개인 금융정보를 한곳에서 모두 볼 수 있도록 하는 개인금융정보 일괄조회 서비스가 핵심이다. 사용자가 자신의 은행, 신용카드, 증권 등의 계좌를 민트 계정과 연동해 두면 금융거래가 발생할 때마다 그 내역이 민트로 모여 일괄조회할 수 있게 된다. 소비자로서는 한곳에서 모든 금융거래 내역을 파악할 수 있고, 이를 통해 신용도를 관리한다든지 지출 예산을 계획한다든지 하는 금융관리를 편리하게 할 수 있다. 초창기에는 금융계좌와 민트계정의 연동을 위해 금융기관 계정과 패스워드를 등록해야 해서 개인정보 유출에 대한 우려도 있었지만 지금은 OAuth를 이용한 방식으로 패스워드를 등록하지 않고 계좌를 연동할 수 있게 되어 있다.

민트는 Freemium model로 운영되고 있다.[2,3] 모든 개인 사용자에게 민트앱의 기본기능 사용은 무료이다. 민트는 이렇게 무료서비스로 확보한 사용자를 기반으로 다양한 수익모델을 만들어 수익을 창출한다.

수익모델의 첫째는 광고이다. 민트 앱에는 금융사와 금융상품에 대한 인 앱 광고가 뜨게 되어 있고, 민트는 이러한 광고 공간을 판매한다. 광고는 개인화가 되어 있어, 사용자의 이전 조회이력, 개인 프로파일 등에 맞춘 맞춤형 광고가 가능하다.

둘째는 신용도 모니터링 서비스이다. 기본적인 신용등급 조회는 무료서비스로 제공되지만, 사용자는 월정액을 내고 민트 크레딧 모니터Mint Credit Monitor라는 서비스에 가입할 수 있다. 이 서비스는 Equifax, Experian, TransUnion의 3대 신용도평가기관의 데이터를 모아 개인에게 제공한다.

셋째는 상품추천 비즈니스referral business이다. 민트는 사용자의 성향과 재무상태에 맞는 금융사·금융상품·신용카드 등을 사용자에게 추천하고, 사용자가 실제로 구매를 하게 되면 금융사로부터 사례를 지급받는다. 추천되는 금융상품은 투자상품, 보험, 개인대출과 학자금대출, 신용카드, 개인뱅킹서비스 등으로 다양하다.

넷째는 데이터 비즈니스이다. 민트는 집적된 방대한 양의 개인 수준 금융 거래 데이터를 여러 형태로 가공하여 소비자 동향과 통계치 등 금융사가 필요로 하는 정보를 만들어 판매한다. 이들 정보는 개인정보보호를 위해 다양한 수준으로 익명화된 정보이며, 이를 통해 금융사는 지역별, 연령별 평균 소비액, 저축성향 등 상품개발과 영업을 위한 핵심정보들을 파악할 수 있다.

민트는 개인 사용자 수를 공식적으로는 대외 발표하지 않지만, 2016년 자사의 블로그를 통해 그 시점에서 2,000만 명 이상의 사용자를 보유하고 있다고 공개한 바 있다.[4]

민트 홈페이지 화면[5]

Key Partners 🔗	Key Activities ✅	Value Proposition 🎁	Customer Relationships ♥	Customer Segments 👥
·은행, 카드사, 여신 회사, 통신사, 신용 평가기관 등	·사용자 획득 ·개인 데이터 수집 ·금융상품/거래 제안 ·판매수수료 획득 ·개인 데이터 판매 ·광고 촉진	·개인 자산 통합정 보제공 ·사용자에게 더 큰 효용을 주는 상품 제시	·자산관리 플랫폼을 통한 개인화 서비스 제공	·개인 ·기업
	Key Resources 👷		Channels 🚚	
	·고객데이터(고객 유형, 소비패턴, 신용정보, 이력 인구 통계학적 정보, 소비자 선호도 등) ·상품 및 서비스 데이터 ·분석 및 AI알고리즘 역량		·모바일 ·PC(Web)	

Cost Structure 🏷	Revenue Streams 💲
·플랫폼 구축 ·플랫폼 유지비용 ·마케팅 비용	·광고 수입 ·구독료: 신용평가 등과 같은 프리미엄 서비스를 개인에게 유료로 제공 ·상품 추천 수수료 ·데이터 판매 매출

시사점

· 거래 데이터의 자동분류 기능 정확도를 높여서 사용자 편의성 제고

· 기업들에게 데이터 판매

· Freemium model

· 공통 API 등의 인프라 또는 표준화 없이도 데이터 집중 체계를 마련

2

개인의료데이터를 편리하게 다운로드 할 수 있는 미국 블루버튼Blue Button

미국의 스마트공개Smart Disclosure를 통한 데이터 활용의 대표적인 사례로 블루버튼 서비스가 있다. 블루버튼 개념은 환자 포털시스템에 '내 데이터 다운로드Download My Data' 기능을 수행할 수 있는 파란색 버튼을 추가하여 개인 의료정보에 대한 직접적인 접근성을 제공하는 사회 운동으로 시작되었다.[6] 2010년 미 보훈처Veterans Affairs, VA는 자체 포털인 'My HealtheVet'에 블루버튼을 처음 런칭하였다.[7,8] 이후 미 보험청Center for Medicare and Medicaid Service, CMS , 미 국방성Department of Defense, DoD 등의 공공은 물론, 의사 및 병원 포털인 McKesson Corporation, 미국 민간 의료보험 판매사인 Aetna 등의 민간에서 차차 도입하였다. 이때까지 의료서비스 이용자는 각 의료기관의 웹사이트에서 블루버튼을 클릭하여 본인의 개인건강기록을 온라인으로 보거나 pdf 혹은 텍스트 파일로 다운받았다. 블루버튼 도입 초기에는 블루버튼 로고를 사용하기 위하여 자격인증이 필요하였으나, 2012년부터는 사용 가이드라인을 준수하는 범위에서 블루버튼 로고를 무료로 자유롭게 사용할 수 있다.

2013년 국립의료정보기술조정처Office of the National Coordinator for Health Information Technology, ONC는 Blue Button＋를 공개하였다.[9] Blue Button＋는 데이터 제공자와 타사 응용 프로그램 개발자 간 데이터 포맷과 전송 프로토콜을 표준화하고 상호운영성을 높이기 위해 구현 가이드라인를 제공하였다. 이를 통해 건강데이터의 전송을 위한 표준 프로토콜을 개발하여 서비스의 이용자와 개발자가 사용할 수 있는 데이터 전송 표준과 API 표준을 제공하고 있다. 2018년에는 HL7에서 개발한 차세대 의료정보 기술표준인 FHIRFast Healthcare Interoperability Resource 기반의 Blue Button 2.0 구현 가이드라인이 나와 데이터 전송표준으로 사용되고 있다.[10] 미 보험청을 중심으로 진행중인 블루버튼 2.0 이니셔티브는 약 6,000만 명의 의료보험 가입자에 대한 의료, 청구 정보 제공을 목표로 API 표준을 수립하여 진행 중에 있다.

블루버튼을 통해 제공받을 수 있는 주요 의료 정보는 다음과 같다.[6]

• 현재 복용중인 약물
• 알레르기
• 의사 또는 병원 방문에서 얻은 치료 정보
• 실험실 테스트 결과
• 건강 보험 청구 정보(재무 정보, 임상 정보 등)

블루버튼 발전 과정

단계	주관 기관	요약설명	데이터 포맷	연도
Blue Button	보훈처 Veterans Affairs, VA	미 보훈처는 자체 포털인 'My HealtheVet'에 블루버튼을 런칭하여 2012년까지 1백만 명 이상 등록	pdf 혹은 텍스트 파일	2010
	보험청 Center for Medicare and Medicaid Service, CMS	미 보험청은 자체 포털인 'My Medicare'에 블루 버튼을 런칭하여 6천만 명의 가입자에 서비스 제공	텍스트 파일	2010
	국방성 Department of Defense, DoD	미 국방성은 자체 포털인 'Tricare Online'에 블루 버튼 기능을 추가함	pdf 혹은 텍스트 파일	2010
	McKesson Corporation	자체 환자 포털에 블루버튼을 추가하여 전미 의사의 1/3에 해당하는 20만 명의 의사와 2천 개의 병원에 서비스 제공	pdf 혹은 텍스트 파일	2011
	Aetna	미국 민간 의료보험 판매사인 Aetna는 자체 포털에 블루버튼을 도입하여 3천6백만 명에 서비스 제공	텍스트 파일	2011
Blue Button+	국립의료정보기술조정처 Office of the National Coordinator for Health Information Technology, ONC	국립의료정보기술조정처는 데이터 제공자와 타사 응용 프로그램 개발자 간 데이터 포맷과 전송 프로토콜 표준화와 상호운영성을 위한 구현 가이드라인 공개	API	2013
Blue Button 2.0	보험청 Center for Medicare and Medicaid Service, CMS	블루버튼 2.0은 메디케어 Part A(입원), Part B(통원), Part D(처방) 데이터 전송을 위한 표준 API로 6천만 명 이상의 메디케어 가입자를 대상으로 함 블루버튼 2.0 API는 가입자 데이터를 위해 HL7의 FHIR 표준을 사용하고 가입장 인증을 위해 OAuth 2.0 표준을 사용함	API	2018

HealthIT 홈페이지[7]

Key Partners 🔗	Key Activities ✅	Value Proposition 🎁	Customer Relationships ♥	Customer Segments 👥
· 의료기관	· 개인 의료 데이터 수집 · BlueButton을 통한 다운로드 서비스 제공	· 개인 의료 데이터 종합 제공 · BlueButton+ 표준 기반 데이터 교환 가능 · 민간 기업들은 BlueButton 활용 앱기반 서비스 제공 · 개인 의료데이터의 통합 정보 및 참고 데이터 활용(제약회사, 병원, 의사, 연구자)	· 블루 버튼을 클릭하여 개인 건강 데이터를 다운로드 할 수 있는 권한을 부여함	· 상이군인, 재향군인 (MyHealthVet) · 공무원 (TRICARE) · 저소득층 (MyMedicare)
	Key Resources 🚚		Channels 🚚	
	· 의료 데이터		· 의료기관별 웹사이트 PC(Web) · 모바일	

Cost Structure 🏷️	Revenue Streams 💲
· 플랫폼 구축 · 플랫폼 유지비용	· (의료기관 입장) BlueButton+ 표준을 준수하여 서비스 제공 시 재무적 인센티브 제공받는데 대부분의 기관들이 자발적으로 참여 중 (대부분 공공 의료)

시사점

- 정보제공자들의 블루버튼 운동에 자발적 참여
- 데이터 전송권을 법제화하지 않고도 '내 데이터 다운로드'를 통해 정보주체에게 자기결정권을 제공
- 데이터의 효율적 활용을 위해서는 여러 당사자 간 데이터 형식과 전송에 대한 표준제정이 필요

개인데이터저장소 PDS를 제공하는
영국 디지미 Digi.me

디지미Digi.me는 개인에게 PDSPersonal Data Store 서비스를 제공하여 데이터를 수집하고 수집된 데이터를 기업들에게 제공하는 데이터 플랫폼 업체이다. 2009년에 영국에서 설립되었고, 2017년 미국의 PDS 서비스 업체였던 Personal사와 합병하였다. 디지미의 사업모델은 개인정보에 대한 Opt-out 정책이 시행되는 미국의 데이터 브로커 회사들이 온라인상에서 광범위한 개인정보를 수집한 후 이를 기업들에게 유상으로 판매하는 것과 큰 차이를 보인다. 디지미는 개인정보를 개인별 암호화키를 사용하여 암호화한 후, 개인별 PDS에 저장함으로써 회사가 개인의 데이터를 직접 보거나 데이터를 처리하지 않는다. 오직 개인만이 자신의 데이터를 보거나 명시적 동의를 통해 데이터를 공유할 수 있다. 즉 개인정보의 수집, 관리 및 제공에 관한 통제권을 개인에게 부여한다. 디지미는 이를 "Private Sharing"이라 부른다.

디지미 사용자는 직관적이고 사용하기 편리한 디지미 모바일 앱을 사용하여 수집할 데이터를 결정하고, 어떤 데이터를 공유할지에 동의한다. 데이터 암호화를 위한 개인키는 개인의 모바일에 저장되어 사용된다. 디지미의 개인정보 저장소는 드롭박스나 구글 드라이브 등의 개인 클라우드 스토리지를 사용한다. 사업자가 직접 개인정보 저장소를 제공하는 허브집중형 PDS 모델에 비하여, 디지미가 제공하는 것과 같은 허브분산형 PDS 모델은 플랫폼 운영비용을 줄일 수 있고, 개인에게 보다 많은 프라이버시를 제공할 수 있다. 디지미 앱을 통해 개인은 자신의 의료, 금융, 소셜, 공공, 피트니스, 엔터테인먼트 등의 개인 데이터를 수집할 수 있다. 금융 데이터 원천은 영국, 미국, 캐나다, EU, 호주 은행들이며, 의료 데이터 원천은 영국과 미국의 데이터이다. 페이스북, 인스타그램, 유튜브 등 개인의 소셜 데이터를 수집할 수도 있다.

디지미 간단한 사용절차 소개 화면[11]

디지미 서비스 모델[11]

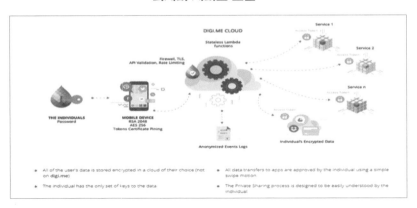

제휴를 맺고 있는 파트너사가 제공하는 앱을 통해 개인들에게 편리한 서비스를 제공한다. 현재 디지미의 제휴 앱들은 다음과 같다. 마이데이터 활용 영역으로 국내에서 일반적으로는 고려되지 않는 소셜 데이터 분석을 하는 앱들이 여럿 있는 것이 흥미롭다.

구분	앱	요약설명
연구	UBDI	개인이 리서치 연구에 참여하고, 수익을 공유
소셜	myPrimeNine	소셜미디어들로부터 공유할 만한 최상 9장의 사진 이미지 관리
	TFP	That F'ing Post 소셜미디어에 쓴 포스트를 분석하여, 잠재적 문제의 소지가 있는 포스트를 걸러줌
	Sand	소셜미디어 인사이트 분석
	Happy Not Happy	소셜미디어 내용기반 무드 분석
	SocialSafe	소셜미디어에 포스트된 사진을 검색하고 필터링
보건/의료	Consentry	장소 출입시 QR코드 스캔후, 해당 장소 감염 시 출입자에게 통지
	Retina Risk	당뇨환자의 망막병증 위험을 관리
	VaxAbroad	여행자를 위한 개인 면역기록 기반 국가별 백신정보 정보 제공
	HealthyMe	건강관련 기록 통합조회
금융	Finsite101	개인 재무 대시보드

디지미는 개인에게는 사용료를 받지 않는다. 데이터를 제공받기를 원하는 기업들로부터 판매 수수료를 받는다. 수수료 유형에는 종량제와 이익공유제 등이 있다.

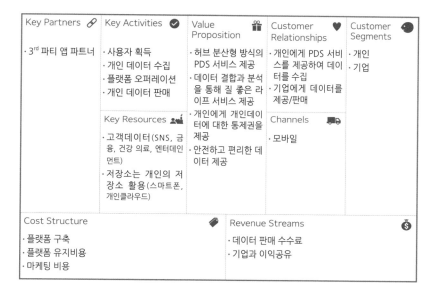

Key Partners 🔗	Key Activities ✅	Value Proposition 🎁	Customer Relationships ♥	Customer Segments 👥
· 3rd 파티 앱 파트너	· 사용자 획득 · 개인 데이터 수집 · 플랫폼 오퍼레이션 · 개인 데이터 판매	· 허브 분산형 방식의 PDS 서비스 제공 · 데이터 결합과 분석을 통해 질 좋은 라이프 서비스 제공 · 개인에게 개인데이터에 대한 통제권을 제공 · 안전하고 편리한 데이터 제공	· 개인에게 PDS 서비스를 제공하여 데이터를 수집 · 기업에게 데이터를 제공/판매	· 개인 · 기업
	Key Resources 👷		Channels 🚚	
	· 고객데이터(SNS, 금융, 건강 의료, 엔터테인먼트) · 저장소는 개인의 저장소 활용(스마트폰, 개인클라우드)		· 모바일	

Cost Structure 🏷️	Revenue Streams 💰
· 플랫폼 구축 · 플랫폼 유지비용 · 마케팅 비용	· 데이터 판매 수수료 · 기업과 이익공유

시사점

- 암호화 키는 개인의 휴대전화에, 개인정보 저장위치는 개인 각자의 클라우드 드라이브(구글드라이브, 원드라이브, 드롭박스)를 활용함으로써, 프라이버시는 강화하고 플랫폼 구축비용은 최소화
- 전문 마이데이터 오퍼레이터 역할, 제3자 파트너들과 협업

개인정보 신탁서비스를 제공하는
일본 정보은행 Information Bank

정보은행은 일본에서 주로 발전한 비즈니스 모델로 2017년부터 본격적인 논의가 시작되었다. 개인으로부터 개인정보 활용에 대한 포괄적인 동의를 받고 현금이나 부동산등을 신탁하듯이 개인정보를 기관에 신탁하는 제도이다. 정보주체의 개인 데이터를 정보은행이 관리하며, 계약에서 미리 정한 조건을 바탕으로 개인정보 제공에 대한 사항을 정보은행이 판단하여 제3자에게 제공하는 방식이다. 개인정보에 대한 권리 행사에 어려움이 있는 고령층을 주요고객으로 한다. 민간사업자에게는 신용평가 서비스, 데이터를 가공하여 판매하는 서비스, 그 밖의 중개업무 등도 하고 있다.

개인으로부터 데이터를 제공받고 이를 신탁 관리하는 정보은행은 정보주체의 동의를 바탕으로 데이터를 이용하고자 하는 제3자에게 제공한다. 이때 데이터를 제공받은 제3자는 정보주체에게 직접 또는 간접적으로 데이터 이용 대가 혹은 편익을 제공하는 방식으로 이익을 환원한다.[12]

일본IT 단체 연맹이 주관하는 정보은행 인정은 통상인정과 P인정의 두 가지 종류가 있다. 통상인정은 정보은행 서비스를 실시중인 사업자들을 대상으로 계획, 운영, 실행체제가 인정기준에 적합한지를 지속적으로 재검토함으로써 안심하고 안전한 서비스임을 인정하는 것이다. P인정은 정보은행 서비스 개시에 앞서 입안한 계획, 운영, 실행 체제가 인정기준에 적합한 서비스인 것을 인정하는 것이다. 서비스 개시 후에 운영과 실행을 통해 개선을 도모하게 되는데 통상인정의 취득 조건이 된다.[13]

일본IT단체연맹 홈페이지에 게시된 2021년 10월 1일 기준 정보은행 인정 사업자 및 사업 현황에 따르면 통상인정 사업자로는 패스핏 서비스를 통해 개인데이터저장소PDS를 관리하고 정보주체에 대한 보상 내역을 투명하게 관리하는 DataSign과 MEY 서비스를 제공하는 My Data Intelligence가 있다.[13]

MEY는 개인의 정보를 통합 관리하고 기업에게 판매하는 플랫폼으로, MEY앱을 통해 회원 가입을 하고 데이터 거래를 할 수 있다. 개인은 앱을 통해 해당 정보주체의 개인정보를 이용하고자 하는 제안을 수락할 수 있다. MEY 이용자는 데이터 이용 목적이나 데이터 이용 대가 등 기업이 제시하는 개인정보 활용 조건을 확인하고 원하는 기업에게만 자신의 개인 데이터를 제공하도록 동의할 수 있다. 기존의 개인 데이터를 제공하거나 기업 등이 제시하는 설문조사에 응하는 방식으로 참여한다. 정보주체에게는 개인 데이터를 제공한 대가로 각종 포인트, 전자 화폐, 유익한 정보 및 콘텐츠 등을 받을 수 있는 혜택을 제공한다. 데이터 이용을 허락하였다 하더라도 정보주체가 나중에 취소할 수 있는 기능을 제공하고 현재 정보주

체가 이용하고 있는 각종 서비스의 ID와 패스워드를 일괄적으로 관리할
수 있게 하는 등 개인 데이터를 정보주체가 직접 관리할 수 있는 툴을 제
공한다.

P인정 사업자로는 지역기반 정보은행 서비스를 제공하는 중부전력과
신용정보 공유 서비스를 제공하는 J.Score, 지역경제 활성화 서비스를 제
공하는 펠리카 포켓 마케팅, 데이터 신탁서비스를 제공하는 미츠이 스미
토모 신탁은행 그리고 보험 데이터 뱅크 서비스를 제공하는 MILIZE(주)
가 있다.

일본 정보은행 개요

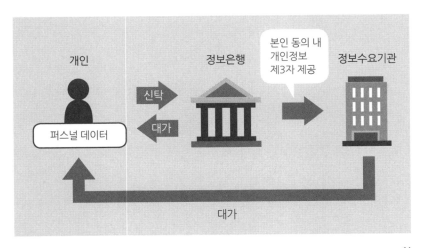

출처: Dprime 홈페이지[14]

미쓰비시 UFJ[Mitsubishi UFJ] 신탁은행은 스마트폰 앱을 통해 정보주체

로부터 취미와 자산 등 개인 데이터를 수집한 후, 정보주체의 동의를 얻어 여행사나 식품 회사 등 개인 데이터를 이용하고자 하는 기업에게 제공하는 Dprime 서비스를 2021년 3월에 오픈하였다. Dprime 서비스는 개인데이터 활용 기업이 정보를 제공한 정보주체에게 대가를 지불하고 미쓰비시 은행은 데이터 활용 기업으로부터 중개 수수료를 받는 비즈니스 모델이다. 기업에게 제공되는 데이터는 정보주체 스스로가 설문조사 등의 형태로 입력하여 제공하는 경우도 있고 운영 사업자가 자체적으로 보유한 개인 데이터를 제공할 수도 있다.[14]

정보은행은 마이데이터의 사상인 개인정보의 소유권과 통제권을 정보주체인 개인이 행사할 수 있게 한다. 다만 개인정보 제공의 판단은 개인이 하되 이를 신뢰할 수 있는 사업자에게 위탁하여 정보주체인 개인이 정보 제공과 같은 사항을 매번 판단하지 않더라도 데이터를 활용하는 혜택을 누릴 수 있게 한다. 이러한 제공 판단의 위탁은 정보주체가 자신의 데이터를 제3자에게 제공하는 장벽을 낮추는 효과도 있다. 이는 정보 기술의 활용도가 낮은 고령층에게 특히 유효하다.

Key Partners 🔗	Key Activities ✅	Value Proposition 🎁	Customer Relationships ♥	Customer Segments 🎨
· 데이터 수요 기업(익명화 정보 및 개인정보 판매) · 지역 사회기업 또는 소상공인(마케팅 수요자)	· 개인정보주체와 미리 정의한 약관에 의거 데이터 수집 · 데이터 판매	· 개인정보에 대해 미리 합의된 포괄적 위임 약관에 의한 신탁관리(수집, 판매) · 포괄적 제공 동의를 통한 데이터 신탁서비스 제공 · 지역 진흥 플랫폼 서비스 · 정보제공 서비스 (J score 서비스) · 지역형 정보은행 서비스 · 패스핏(Pasfit) 서비스(Data Sign)	· 정보은행 플랫폼을 통한 개인정보 신탁 제공	· 개인 · 기업(데이터 수요 기업)
	Key Resources 👥📦		Channels 🚚📦	
	· 고객 데이터		· PC(Web) · 모바일	

Cost Structure 🏷	Revenue Streams 💲
· 플랫폼 구축 · 플랫폼 유지비용	· 인증 사업(일본 IT 단체 연맹 인정) · 수집 및 판매 일임을 통한 데이터 판매 후 개인과 레버뉴 공유(개인에게는 할인권, 지역상품권, 쿠폰 등으로 제공)

시사점

- 정보주체가 정보은행에 개인정보를 신탁하는 사업모델(포괄적 제공 동의)
- 정보주체에게 보상으로 지역업체의 할인쿠폰 제공 등 지역진흥 플랫폼으로서의 역할 중시

마이데이터 발전을 위하여

마이데이터 생태계 차원의
거버넌스가 필요하다

마이데이터 거버넌스

'마이데이터 거버넌스'는 무엇이고, 왜 필요할까? 마이데이터 거버넌스에 대해 이야기하기 전에 '거버넌스'와 '데이터 거버넌스'가 무엇인지 살펴볼 필요가 있다. 거버넌스는 어느 일방이 정책과 의사결정을 주도하지 않고, 구성원의 다양한 활동과 참여를 통해 문제를 해결하는 과정과 방식이라고 정의할 수 있다.

데이터 거버넌스는 "데이터 자산관리에 대한 권한, 통제 및 공유된 의사결정의 행사"[1]라고 정의된다. 데이터가 전체 생애주기에 걸쳐 높은 품질을 유지할 수 있도록 하는 원칙과 활동을 의미한다라고 말할 수 있겠다.

결국 데이터 거버넌스는 데이터가 유용하게 쓰일 수 있도록 데이터의 가치를 높이는 활동이다. 따라서 마이데이터 거버넌스는 마이데이터 생태계에서 데이터가 유용하게 쓰일 수 있도록 하는 마이데이터 생태계 구성원 간의 원칙과 활동을 일컫는다.

마이데이터 거버넌스의 필요성

마이데이터 거버넌스는 왜 필요한가? 마이데이터 거버넌스는 기본적으로 데이터의 유용성을 높이기 위해서 필요하지만, 마이데이터 영역의 몇 가지 특수성 때문에 그 중요성이 크다.

첫째, 마이데이터 생태계에서는 다수의 참여주체가 데이터를 주고 받는 환경에서 정보처리자마다 다른 목적과 방법으로 생성, 처리한 데이터의 일관성과 품질을 유지해야 하기 때문이다. 일반적인 데이터 거버넌스와 같이 한 조직 내에서 데이터를 처리, 활용하는 경우에도 데이터의 일관성과 품질을 유지하는 것이 쉽지 않은데, 조직의 범위를 뛰어넘는 생태계 전반에서의 데이터 일관성과 품질 유지에는 이보다 훨씬 더 큰 어려움이 따르게 된다. 데이터별로 항목에 대한 정의, 공동의 코드, 유효한 값의 범위 등이 표준화되지 않으면 데이터의 유용성은 기대하기 어렵다.

둘째, 지속적인 마이데이터 생태계의 유지를 위해서는 참여자 간 이해관계의 조율이 필요하기 때문이다. 정보주체와 정보제공 역할을 수행하는 조직, 정보를 활용하는 서비스 제공 조직 들은 마이데이터를 통해 얻는 혜택이 다를 수밖에 없으며, 전체 생태계에서 창출된 이익이 각 참여주체 사이에서 적절하게 배분되어야 참여자들의 지속적인 책임 이행과 생태계의 유지가 가능하다. 예를 들자면 마이데이터 생태계를 유지하는 데에 드는 비용을 누가 얼마나 낼 것인가 하는 질문에 대한 답이 필요한 것이다. 데이터를 전송하는 데에 드는 비용, 정보 보호와 보안에 드는 비용, 참여주체의 인증에 드는 비용 등 현실적으로 많은 요소에 비용이 드는 데 반해 마이데이터로 수익을 얻는 것은 참여 주체 중의 일부에 한정된다면 이러한 생태계가 계속 유지되기는 어렵기에, 거버넌스를 통한 논의와 조정이 필요하다.

셋째, 정보주체의 보호가 필요하기 때문이다. 정보주체는 마이데이터 생태계를 이루는 근간이면서도 상대적으로 다른 참여주체들에 비해 조직화된 역량이 부족한 개인이기에 거래과정에서 발생할 수 있는 분쟁이나 민원의 해결에 불리한 입장에 처할 가능성이 많다. 이들의 권리에 대한 체계적인 옹호와 지원은 참여주체의 자율에만 맡겨 해결할 수 있는 범위를 넘는다고 할 수 있다.

넷째, 정보보안과 규제의 준수가 필요하기 때문이다. 마이데이터는 개인정보를 활용하는 것인 만큼 정보보안과 규제 준수가 필수적이라는 것은 두말할 필요가 없지만 이또한 어느 정도의 감독 기능을 포함한 전체 커뮤니티 차원의 활동 없이 개별 참여주체의 노력만으로 이루어내기 어렵다.

금융 분야의 마이데이터 거버넌스 사례

먼저 마이데이터 생태계 구축에서 한 걸음 앞서 있는 금융 분야의 거버 넌스 사례를 보자. 정부는 신용정보를 취급하는 전 금융회사에게 정보전 송에 대한 의무를 부과하고, 데이터를 활용하는 마이데이터 사업을 정부 의 허가를 받아야 할 수 있는 전문금융업으로 정의하는 등 많은 부분에서 마이데이터 생태계의 틀을 강제하고 있다고 할 수 있다. 그렇지만, 결국 마이데이터 산업이 원활히 운영되기 위해서는 정부 주도가 아닌 참여 주 체들의 주도가 필요하다는 인식에서 생태계 차원의 거버넌스를 활성화시 키기 위한 여러 정책과 제도도 운영하고 있다.

앞에서 언급한 마이데이터 거버넌스의 필요성 관점에서 이들 제도를 살 펴 보자. 먼저, 금융권에서는 데이터의 일관성과 품질을 유지하기 위해 금 융회사와 금융 마이데이터 사업자 등이 참여하는 마이데이터 태스크포스 를 운영하여 제공정보범위 확대와 표준화에 대한 논의를 계속하게 된다.

참여자 간 이해관계의 조율을 위한 협의 체계는 아직 잘 갖추어져 운영 되고 있다고 말하기는 어렵지만, 마이데이터 태스크포스 내에서 어느 정 도 관련된 사항들이 논의되고 있고, 관련 협회들이 회원사의 권익 보호를 위해 목소리를 내고 있다.

정보주체의 권익보호를 위해서는 '마이데이터 지원센터'가 설립, 운영 되고 있다[2]. 마이데이터 지원센터는 마이데이터 생태계 전반을 관리하는 역할을 하며, 구체적으로 홈페이지와 태스크포스를 통해 고객 민원과 분 쟁관련 의견을 접수하고 신속한 해결을 지원한다.

정보보안과 규제의 준수는 금융권 규제기관인 금융감독원과 금융보안전문기관인 금융보안원을 통해 이루어진다.

마이데이터 활성화를 위한 거버넌스의 역할

이제 첫발을 떼고 있는 우리나라 마이데이터가 활성화되기 위해 거버 넌스의 역할이 중요한 분야로 보안과 산업 간 융합이 있다.

마이데이터는 개인정보의 보호와 이용 간의 균형을 목표로 출발한 만 큼 지금까지보다는 개인정보의 이용을 강조하고 있다. 하지만, 마이데이 터 분야에서 보안에 대한 우려가 없어진 것은 아니며, 개인정보의 유출이 나 침해사고가 생길 경우 마이데이터와 나아가 개인정보활용에 대한 부정 적인 정서가 강해질 수 있다. 마이데이터가 신뢰받는 데이터 활용방안으 로 자리 잡기 위해서는 강력한 정보보호와 보안을 보장할 수 있는 거버넌 스 체계가 필요할 것이다.

공공, 의료, 유통, 교육, 통신 등 금융 이외의 여러 산업분야에서도 마 이데이터 생태계가 성숙하게 되면 필연적으로 산업 간 융합의 중요성이 커진다. 여러 산업을 아우르는 융합 거버넌스 체계가 진정한 마이데이터 의 활성화를 이끌 필수요소이다.

참여자 모두가 WIN-WIN 할 수 있는 지속가능한 마이데이터 생태계를 만들어야 한다

지속가능한 생태계를 위해서 참여자 간의 수익과 비용 분담의 메커니즘이 필요하다

전송요구권으로 인해 발생하는 데이터 송수신은 비용을 동반한다. 이는 정보제공자의 부담으로 작용할 수 있다. 따라서, 데이터 송수신으로 인해 발생하는 정보제공자의 비용을 정보수신자인 서비스 제공자와 분담할 필요가 있다. 마이데이터 생태계에는 다수의 참여자들이 있다. 정보주체인 개인, 정보를 제공하는 기업 또는 개인, 그리고 제공받은 데이터를 활용하여 서비스를 제공하는 서비스 제공자가 있다. 현재 마이데이터를 본격적으로 시행하고 있는 금융권의 「신용정보법」은 개인 신용정보에 한해 데이터 전송권을 보장하고 있다. 즉, 정보주체의 요청이 있으면 데이터 보유 기관은 개인정보를 개인이 지정한 곳으로 전송하여야 한다. 서비스 제공자로 보내진 개인정보는 다양한 서비스를 만드는 데 활용된다. 이러한 구조에서 마이데이터를 활용한 다양한 비즈니스 모델을 통해 이익을 보는 것은 마이데이터서비스 제공자가 된다. 마이데이터 생태계가 지속가능하기 위해서는 참여자들 간의 수익과 비용 분담의 원칙이 필요하다. 마이데이터를 활용하여 서비스를 제공하는 사업자와 이러한 마이데이터 서비스가 가능하도록 전송요구권에 의해 정보를 제공하는 정보제공자간의 비용부담원칙이 필요하다. 이는 일률적으로 강제할 수는 없겠지만, 대체로 전송되는 정보의 양이나 형태, 복잡도, 가치에 따라 마이데이터 생태계 참여자들의 합의가 필요하다.

다수의 참여자가 공정한 경쟁을 하기 위해서는 오퍼레이터와 서비스 제공자의 역할을 나눌 필요가 있다

국내 법률상으로는 「신용정보법」의 '본인신용정보관리회사'나 「개인정보 보호법」 개정안의 '개인정보관리 전문기관'은 마이데이터 생태계상의 역할로 보면 '마이데이터 서비스'와 '마이데이터 오퍼레이터' 두 개의 역할을 모두 수행한다. 이렇게 하면 규모의 경제와 네트워크 효과로 인하여 소수의 마이데이터 서비스 사업자로 집중되는 현상이 발생하고, 후발 사업자가 선발 사업자를 따라가기 어려운 환경이 된다. 마이데이터 생태계가 소수의 마이데이터 서비스 사업자에 집중화되어 결과적으로 정보주체들의 잠금효과Lock-In Effect가 발생하는 것을 사전에 막아야 한다.

마이데이터 산업이 기울어진 운동장이 되지 않고 다수의 참여자가 공정한 경쟁을 하기 위해서는 오퍼레이터와 서비스 제공자의 역할을 나눌 필요가 있다. 마이데이터 중개를 전문으로 수행하는 전문 오퍼레이터를 구분하여 규정하는 것이 필요하다. 이들 전문 오퍼레이터는 직접 마이데이터 서비스를 제공하는 대신 데이터 중개에 주력해야 한다. 중개업체가 중립적으로 데이터를 중개할 수 있을 때, 생태계 내에서 더 많은 마이데이터 스타트업이 생겨날 수 있을 것이다.

마이데이터 운동의 일환인 aNewGovernance aNG는 이를 권력분립sepa-ration of powers이라고 주장하고 있다. EU에서 입법과정 중인 데이터 거버넌스 법안Data Governance Act; DGA에 포함된 'Data intermediaries'도 중개를 전문으로 수행한다. 「데이터기본법」의 데이터 사업자의 유형에는 데이터 거래 사업자와 데이터 분석제공 사업자가 있다. 이 둘을 하나의 사업자가 동시에 수행하는 것을 허용하기보다는 분리하도록 하는 것이 바람직하다. 거대 플랫폼 사업자의 생태계 독식을 방지하고 후발 주자들의 진입 문턱을 낮출 수 있는 방법으로 고려할 만하다.

데이터 제공의 대가로 정보주체에게 금전적 혜택이 제공되어야 한다

몇 년 전, 한 시민단체에서 비식별조치를 한 개인정보를 판매한 몇 개의 기업을 고발한 바 있다. 개인의 데이터 매매를 통해 얻는 기업의 이윤이 기업만의 것인가에 대한 논란을 보여준 사례이다. 물론, 기업들은 여러 개인의 데이터들을 모으고 가공하느라 비용이 수반된다고 이야기한다. 그렇기 때문에 자신들이 가공한 데이터를 판매해서 얻는 수익은 기업의 것이라고 주장한다. 하지만, 원재료가 되는 데이터 자체는 기업의 것이 아니었다. 한 조사에 따르면 우리 국민들은 마이데이터 활성화로 편리한 서비스와 개인정보 제공으로 인한 금전적인 혜택을 꼽았다. 개인이 제공하는 데이터에 따라 금전적 혜택을 주어야 한다는 주장과 관련 비즈니스 모델이 나타나고 있다. 일본의 정보은행은 개인정보의 제공으로 다양한 쿠폰 서비스를 받는 사례들이 있고, 우리나라도 과기정통부의 실증사례에서 개인정보를 제공함으로써 마일리지 형태의 보상을 받는 모델이 있다. 또, 많은 기업은 개인이 정보를 제공하는 대가로 쿠폰 및 상품권을 제공하기도 한다. 개인정보의 가치를 어떻게 측정할 것인지에 대해서는 아직 논란이 있지만, 개인정보를 통해서 얻는 기업의 이윤을 기업이 전부 차지하는 것이 당연하다는 인식은 점차 바뀌어야 한다. 개인정보에 정당한 가치를 부여해서 마이데이터가 보다 더 활성화될 수 있는 길을 열어주어야 할 것이다.

마이데이터 생태계가 공익적 목적에 기여할 수 있는 방안의 모색도 필요하다

마이데이터는 데이터의 활용을 촉진함으로써 개인, 기업, 공공 모두에게 효익이 증대되는 것을 추구하고 있다. 이 중 특히 공공의 효익 증가를 위해 마이데이터가 공익적 목적으로 활용될 수 있도록 하는 방안에 대해서는 최근에 언급되고 있는 '데이터 이타주의data altruism'와 마이데이터가 서로를 보완해 주면서 시너지를 낼 수 있는 조합이 될 수 있다.

EU에서는 유럽 데이터 전략European Strategy for Data(2020)의 일환으로 EU 데이터 거버넌스 법안을 2020년 11월 25일 발표했다. 이 법안은 데이터 중개자에 대한 신뢰를 높이고, EU 전체의 다양한 데이터 공유 메커니즘을 강화함으로써 데이터 재활용을 촉진하는 프레임워크를 제공하는 목적을 가지고 있다. 이 법안은 데이터 재이용 촉진의 한 방법으로 '데이터 이타주의' 개념을 도입하고 인정된 데이터 이타주의 기관recognized data altruism organization으로 등록하기 위한 등록요건을 규정하고 있다.

데이터 이타주의란 과학적 연구목적이나 공공서비스 개선 목적과 같이 공익을 위하여 정보주체가 아무런 보상도 요구하지 않고 자신과 관련된 개인정보의 처리에 동의하거나, 다른 데이터 보유자로 하여금 자신의 비개인정보를 이용할 수 있도록 허락하는 것을 의미한다. 마이데이터 생태계의 기본 인프라를 활용하면 인정된 데이터 이타주의 기관에게 내 개인정보를 활용토록 매우 쉽게 동의할 수 있는 체계를 만드는 것이 가능할 것이다. 이와 같은 체계를 통해 의료, 교통 등 공익을 위한 연구가 활성화된다면 마이데이터 생태계는 공익을 위한 기여를 강화할 수 있을 것이다.

국내에서도 데이터 활용 촉진의 한 방법으로 데이터 이타주의의 도입과, 마이데이터와 데이터 이타주의의 연계에 대해 고민할 시점이 아닐까 한다. 구체적으로, '개인정보관리 전문기관' 중에서 '데이터 이타주의 기관' 등록제를 운영하는 것을 고려해 볼 수 있겠다.

마이데이터 관련 법제도와
인프라를 정비해야 한다

전송 요구권을 입법화하고,
산업별 특수성을 반영해야 한다

4차산업혁명위원회는 21년 6월 '마이데이터 발전 종합대책'을 통해 마이데이터 관련 법 체계를 「개인정보 보호법」으로 일원화하기로 의결하였다. 다만, 「개인정보 보호법」과 별도로 산업별 특수성이 인정되는 경우 개별 법률을 정비할 예정이다. 금융과 공공 분야 이외의 모든 분야에서도 마이데이터 사업의 법적 기반을 마련하기 위하여 정부는 일반법인 「개인정보 보호법」에 '전송 요구권'과 '개인정보관리 전문기관 지정' 조항을 신설하는 개정안을 입법예고를 거쳐 개정을 추진하고 있다.

산업적 목적보다 정보주체의 자유와 권리를 보호하는 목적을 갖는 일반법인 「개인정보 보호법」에 정보주체의 권리인 전송 요구권을 포함하여 개정을 추진하는 것은 바람직하다. 그러나 동시에 마이데이터의 산업별 특수성을 반영하여 개별 법률과 시행령들도 정비하여야 한다. 정보주체의 전송요구권이 형식적 조문이 아니라 실행가능한 조문이 되기 위해서는 산업별 특수성을 반영하여야 하며, 특히 '전송 대상 데이터의 범위', '사업자의 전송 의무' 등이 현실적으로 규정되어야 한다. 산업별 특수성을 고려하지 않고 일반법인 「개인정보 보호법」에서 일반적으로만 규정하는 것은 마이데이터 생태계 참여자들 간의 갈등만 야기할 위험이 있다.

우리는 이미 금융 마이데이터 준비과정에서 전송 대상 개인신용정보에 상거래 내역 데이터를 포함시킬지에 대해 이해 당사자간의 갈등을 경험하였다. 예를 들어 의료 마이데이터에서 개인 의료 데이터 중에서 무슨 데이터가 개인의 전송요구권의 대상이 되는지, 환자의 치료내역은 의료인의 전문 의료행위인지 환자의 마이데이터인지 등을 사회적 합의를 통해 정의하고, 이를 의료법에 반영하여 개정하여야 한다.

또한 개인정보 처리자에게 전송의무를 부여하는 범위는 현실적 여건을 고려하여 결정되어야 한다. 중소사업자 입장에서는 전송의무를 수행하기 위하여 인프라를 구축하고 운영하는 것은 상당한 부담이 될 것이다. 산업별로 특성이 다르고, 개인정보 처리능력이 다른 상황에서 매출액이나 개인정보규모 등 외형을 기준으로 전 산업에 대해 획일적인 전송의무 대상자 기준을 정하는 것은 무리이다. 개인정보 보호법 개정안이 국회에서 통과되고, 시행령에서 그 내용을 구체화할 필요가 있다.

마이데이터 사업자에 대한 법률적 사항을 구체화하여야 한다

금융분야 마이데이터 제도가 시행되기 이전에도 정보주체의 동의를 기반으로 사업자 간에 제3자 정보제공을 통한 확장된 서비스가 존재하였다. 또한 정보주체의 열람요구권을 대리 행사하여 화면 스크래핑을 통해 개인정보를 수집해 개인화 서비스를 제공하는 비즈니스 모델들도 존재해 왔다. 지금은 금융분야에서 「신용정보법」 개정을 통해 금융위가 마이데이터 사업자를 '본인신용정보관리회사'로서 허가제로 관리하기 시작하였다.

현재 개정을 추진 중인 「개인정보 보호법」 개정안은 개인정보보호위원회 및 중앙행정기관의 장이 '개인정보의 전송 요구권 행사의 지원'과 '개인정보의 통합·관리·분석 및 정보주체에 대한 지원' 등을 수행할 전문성을 갖춘 자를 '개인정보관리 전문기관'으로 지정하는 것을 규정하고 있다. 각 산업 분야별로 마이데이터 사업자를 지정제로 할 것인지, 금융 마이데이터와 같이 허가제로 할 것인지, 아니면 등록제로 완화할 것인지에 대한 추가적인 논의가 필요하다. 지정조건이나 허가조건을 조기에 규정하여 예비 사업자가 이에 대해 준비할 수 있도록 하여야 한다.

마이데이터의 사회적 효율과 효익을 위한 인프라가 필요하다

현재의 마이데이터는 분산되어 있는 정보주체의 개인정보를 전송요구권 행사를 통해 한군데로 모아 통합조회 및 개인화 서비스를 제공한다. 법제도 정비 또한 이를 효과적으로 뒷받침하는 데 집중하고 있다. 그러나 마이데이터는 개인적 효익을 넘어 사회적 효율과 효익을 함께 제공하여야 한다. 그러기 위해서는 마이데이터의 사회적 효율과 효익을 위한 공공 인프라가 필요하다

금융 마이데이터 분야에서 신용정보원이 제공하고 있는 금융 마이데이터 종합포털www.mydatacenter.or.kr과 일정규모 이하의 정보제공자의 전송의무를 지원하기 위한 금융 마이데이터 중계기관의 역할은 금융 이외의 분야에서도 필수적이다. 종합 포털과 전송중계는 산업별로 관련 협회나 기관에서 운영하는 것이 마이데이터 생태계 차원에서 효율적이다. 산업별 특성을 고려하여 마이데이터 종합 포털과 중계기관에 대한 법적 기반을 마련하는 것이 필요하다.

개인은 마이데이터에 대한 올바른 인식을 갖고, 적극적으로 권리를 행사하여야 한다

2022년 1월 1일 금융 마이데이터 서비스가 시작된다. 본격적인 시작은 금융권부터이지만 마이테이터 서비스는 의료, 공공, 유통, 통신, 에너지, 교육 등 다양한 산업영역에서 점차 확대될 것이다. 산업 내뿐만이 아니라 산업 간 데이터가 함께 융합되면서 진정한 의미의 마이데이터가 구현이 될 것으로 생각된다. 이렇게 마이데이터로 인해 변화되는 세상에서 가장 중요한 역할은 정보주체인 개인이다. 마이데이터를 한마디로 정의한다면 정보주체의 자기 정보 결정권이다. 즉, 정보주체가 자신의 정보에 대해 적극적인 권리를 행사하는 것이다. 마이데이터를 잘 알고 이를 적극 활용하여 개인이 얻는 효용을 높이는 역할은 정보주체 개인의 몫이다. 개인이 정보전송권을 행사하여 정보주체의 개인정보가 데이터 제공기업으로부터 마이데이터 서비스기업에게 전송된다. 이렇게 제공한 개인정보를 통해 만족할 만한 개인화 서비스를 제공받지 못하거나 보안 위험성을 발견한다면 그러한 서비스 제공자로부터 개인정보를 적절히 철회하는 것도 정보주체 개인의 역할이다. 개개인의 디지털 활용도에 따라 디지털 격차가 발생할 수 있는 영역이다. 마이데이터에 대한 개인의 관심과 올바른 인식이 필요하다.

비단 마이데이터 영역에서 뿐만이 아니다. VUCA(변동성Volatility, 불확실성Uncertainty, 복잡성Complexity, 모호성Ambiguity)라는 단어는 불확실하고 빠르게 변화하는 지금 시대와 앞으로의 시대를 잘 설명하고 있다. 이러한 시대적 상황을 잘 헤쳐 나가는 방법 중의 하나는 정보통신기술의 발달로 인해 우리 생활 곳곳에 적용되어 있는 디지털 기술을 이해하고 그 기술을 활용하는 것이다. 이는 코로나시대에 가속화되고 있다. 비대면 서비스가 필요한 시점에서 기존에는 선택이었던 것이 이제는 필수Must가 되고 있다.

과거에는 금융기관의 금리를 알아내고 예금에 가입하는 것을 전화나 발품을 팔아서 해결했다면 인터넷이 연결된 현재는 클릭 몇 번으로 각 금융기관의 특판 상품을 알아내고 금융기관간의 금리비교도 가능해졌다. 단순 비교뿐만 아니라 나아가 앉은 자리에서 비대면으로 예금상품 가입도 가능하다. 금리 비교를 통해 가입자에게 좀 더 유리한 금융기관을 찾아내고 사용자들은 그쪽으로 몰린다. 인터넷으로 인해 그만큼 우리 사회는 투명해지고 있고 투명한 경쟁시대에 살고 있다.

데이터 경제의 부상으로 데이터의 활용과 개인정보 보호의 움직임은 커져가고 있고 정보주체 본인의 개인정보 데이터에 대한 주권의 강화 움직임도 커지고 있다. 이러한 시대에 개인의 경쟁력은 디지털 기술을 이해하고 이를 잘 활용하는 데에 있다. 세상은 변화하고 있다. 4차 산업혁명을 통해 공유경제, 플랫폼 경제가 부상하고 사람들은 점점 더 편리한 생활을 하게 되는 장점이 크지만 디지털 격차가 더 심화될 것이라는 우려가 있다. 빈부의 격차는 디지털 격차로 인해 더 심화될 수 있다. 디지털 격차를 줄이고 온 국민이 보다 더 스마트한 삶을 영위하기 위해서 공공은 보편적인 정보교육을 제공해야 한다. 전문성을 가진 디지털 인재를 위한 교육도 분명 필요한 영역이다. 더불어 디지털 시민으로서 근본적으로 가져야 할 보편적인 디지털 소양을 함양하는 교육 또한 절실하다.

첨부 1. 금융 마이데이터 생태계 구성원(2021.12.1 현재)

역할	유형	기관
마이데이터사업자 (53)	은행(10)	우리은행, 신한은행, KB국민은행, NH농협은행, SC제일은행, 하나은행, 광주은행, 전북은행, IBK기업은행, DGB대구은행
	보험(2)	교보생명, KB손해보험
	금융투자사(6)	미래에셋증권, 하나금융투자, 키움증권, 한국투자증권, NH투자증권, KB증권
	여신전문금융사(9)	KB국민카드, 비씨카드, 우리카드, 신한카드, 현대카드, 하나카드, 현대캐피탈, KB캐피탈, 롯데카드
	저축은행(1)	웰컴저축은행
	상호금융(1)	농업중앙회
	CB사(2)	NICE평가정보, KCB
	핀테크(21)	토스, 네이버파이낸셜, 뱅크샐러드, NHN페이코, 카카오페이, 민&지, 해빗팩토리, 한국신용데이터, 쿠콘, 핀셋엔, 팀윙크, 보맵, 핀다, 모니, SK플래닛, 아이지넷, 핀크, 뱅큐, UBIVELOX, 핀트, FnGuide
	IT(1)	LG CNS
신용정보제공이용자		은행, 금융지주회사, 한국산업은행, 한국수출입은행, 농협은행, 수협은행, 중소기업은행, 한국주택금융공사, 금융투자업자, 증권금융회사, 종합금융회사, 자금중개회사 및 명의개서대행회사, 상호저축은행과 그 중앙회, 농업협동조합과 그 중앙회, 수산업협동조합과 그 중앙회, 산림조합과 그 중앙회, 신용협동조합과 그 중앙회, 새마을금고와 그 연합회, 보험회사, 여신전문금융회사, 기술보증기금, 신용보증기금, 신용보증재단과 그 중앙회, 한국무역보험공사, 예금보험 공사 및 정리금융회사, 「건설산업기본법」에 따른 공제조합, 「국채법」에 따른 국채등록기관, 한국농수산식품유통공사, 신용회복위원회, 근로복지공단, 소프트웨어공제조합, 엔지니어링공제조합, 「예금자보호법」에 따른 정리금융회사, 체신관서, 전기공사공제조합, 주택도시보증공사, 중소벤처기업진흥공단, 「벤처투자 촉진에 관한 법률」제2조 제10호 및 제11호에 따른 중소기업창업투자회사 및 벤처투자조합, 중소기업중앙회, 한국장학재단, 한국자산관리공사, 국민행복기금, 서민금융진흥원 「대부업 등의 등록 및 금융이용자 보호에 관한 법률」제3조제2항에 따라 금융위원회에 등록한 대부업자등, 「산업발전법」제40조제1항제1호에 따른 자본재공제조합, 소상공인시장진흥공단, 「자산유동화에 관한 법률」에 따라 금융위원회에 자산유동화계획을 등록한 유동화전문회사

정 보 제 공 자	신용 정보제공 이용자	「대부업 등의 등록 및 금융이용자 보호에 관한 법률」제3조제2항에 따라 금융위원회에 등록한 대부업자등, 「산업발전법」제40조제1항 제1호에 따른 자본재공제조합, 소상공인시장진흥공단, 「자산유동화에 관한 법률」에 따라 금융위원회에 자산유동화계획을 등록한 유동화전문회사, 「농업협동조합의 구조개선에 관한 법률」제29조에 따른 농업협동조합자산관리회사, 한국교직원공제회, 「여객자동차 운수사업법」제61조제1항에 따라 설립된 공제조합, 「화물자동차 운수사업법」제51조의2제1항에 따라 설립된 공제조합, 기술신용평가 업무를 하는 기업신용조회회사, 「온라인투자연계금융업 및 이용자 보호에 관한 법률」제2조제3호에 따른 온라인투자연계금융업자, 「전자금융거래법」제2조제4호에 따른 전자금융업자, 한국거래소, 예탁결제원, 신용정보회사, 본인신용정보 관리회사, 채권추심회사, 「여신전문금융업법」제2조제16호에 따른 겸영 여신업자, 「전기통신사업법」제6조에 따른 기간통신사업을 등록한 전기통신사업자, 한국전력공사, 한국수자원공사
	공공기관	행정안전부, 보건복지부, 고용노동부, 국세청, 관세청, 조달청, 공무원연금공단, 주택도시보증공사, 한국주택금융공사, 근로복지공단, 신용회복위원회, 지방자치단체 및 지방자치단체조합, 국민건강보험공단, 국민연금공단
지 원 기 관	인증기관 (10)	KB국민은행, 신한은행, NHN페이코, 네이버, 토스, 뱅크샐러드, 코스콤, 금융결제원, 한국정보인증, 한국전자인증
	중계기관 (9)	금융결제원, 신용정보원, 농협중앙회, 수협중앙회, 상호저축은행중앙회, 신협중앙회, 새마을금고중앙회, 코스콤, 행정정보공유센터
	유관기관	신용정보원, 금융보안원

2019년 마이데이터 실증서비스 선정과제

분야	과제명	수행기관		서비스
		주관	참여	
의료	의료 마이데이터 플랫폼 및 검진 데이터를 활용한 건강관리 서비스	강남세브란스병원(연세대학교 산학협력단)	㈜아롬정보기술, CJ프레시웨이, 에쓰푸드㈜	· 건강 검진·처방전 등의 데이터를 이용한 영양 건강식단 추천 서비스
의료	응급상황을 위한 개인건강지갑 서비스	㈜브이티더블유	삼성서울병원, 서울아산병원, 동아대학교병원	· 응급환자가 응급 진료기록 및 일상 생활 속 건강기록을 보관하고, 진료와 처방에 활용할 수 있는 "개인건강지갑" 서비스
의료	My Health Data 플랫폼 및 서비스 실증	서울대학교병원	차의과대학교 산학협력단, 메디블록, 웰트, 삼성화재	· 환자가 동의한 개인 의료정보 기반의 건강정보 교류 플랫폼 개발, 라이프로그 데이터와 융합하여 개인 맞춤 코칭 서비스
금융	본인정보 통합조회 및 생애주기별 맞춤형 금융상품 추천 서비스	엔에이치엔페이코㈜	㈜하나은행 한화생명보험㈜ 한화투자증권㈜ 한화손해보험㈜ 신한금융투자㈜ 웰컴저축은행㈜	· 금융 · 비금융정보를 융합한 빅데이터 기반 맞춤형 금융상품 추천 서비스
에너지	에너지 마이데이터를 활용한 사용자 맞춤형 절감 서비스	㈜다음소프트	세종시, ㈜에이엠에이닷컴, ㈜유디아이	· 세종시 주민 대상 에너지 데이터 수집 및 에너지 수급 예측, 맞춤형 서비스 구현을 통한 에너지 소비 효율화
유통	개인데이터저장소 기반 소상공인 마케팅 관리 서비스	㈜한국신용데이터	신한카드	· 결제데이터와 가맹점 방문객 정보, 사업장 정보를 활용하여 소상공인 대상 경영 개선 및 개인 대상 할인·이벤트 정보 제공 서비스

유통	소상공인 성장을 돕는 문서 · 자금 플랫폼 서비스	한국기업데이터㈜	한국전자, 세제협회, ㈜비즈니스온 커뮤니케이션, 기웅정보통신㈜	· 소상공인(개인사업자)를 위한 문서 자금 플랫폼을 통해, 간편 본인정보 전송, 계산서 발급 및 정책 자금 매칭 등 경영 지원 서비스
기타	연구자를 위한 매칭 및 분석 서비스	㈜코난테크놀로지	국회도서관	· 국회도서관으로부터 수집된 학술연구자 정보를 활용하여 연구자를 위한 전문서비스 "스칼라뱅크" 구축

출처: 2019.5.16 과기정통부 보도자료

2020년 마이데이터 실증서비스 선정과제

분야	과제명	수행기관		서비스
		주관	참여	
의료	분산원장증명(DID) 기반 의료 마이데이터 유통 플랫폼	㈜엔디에스	㈜유투바이오, 장원의료재단, 약학정보원, ㈜교보생명, ㈜진원온원	전자처방전을 개인데이터저장소에 저장해 스스로 정보를 관리, 중복 검사를 억제, 맞춤형 자가 건강 관리 서비스 제공
의료	마이데이터 플랫폼 기반의 개인 의료·건강데이터를 활용한 맞춤형 홈케어 서비스	㈜평화이즈	카톨릭대 산학협력단, 경희의료원, 커넥타젠㈜, ㈜메디플러스솔루션, ㈜미셸푸드	개인의 건강검진 및 의료 처방 데이터를 앱을 통해 자신의 정보를 관리하며 유전자분석, 정신 건강 · 생활습관 관리 등 개인 맞춤형 홈케어 서비스 제공
금융	모빌리티 데이터를 활용한 신용평가 및 금융상품 개발	㈜핀테크	SK텔레콤㈜, SK에너지㈜, SK네트웍스㈜, ㈜전북은행 ㈜광주은행, JB우리캐피탈㈜	개인의 모빌리티 데이터 분석 데이터와 공공·금융정보를 결합해 신용평가, 금융상품 서비스 제공

금융	금융서비스를 연결하는 On-Device 기반 마이데이터 결합 플랫폼	㈜NH농협은행	㈜에스엔피랩, 농협생명보험㈜, 농협손해보험㈜, NH투자증권㈜, NH농협캐피탈㈜, NH저축은행㈜	개인 데이터를 행동 순서에 따라 수집·결합해 개인정보 분석을 통한 맞춤형 금융상품 추천
공공	포스트 코로나19 대비 공공 교통수단 클린이용 서비스	서울특별시	BC카드㈜, 네이앤컴퍼니㈜, ㈜KST모빌리티, 유아이네트웍스㈜, 한국교통연구원, 코리아크레딧뷰로㈜	공공 교통수단에서 수집된 데이터를 기반으로 재난 알림 서비스 확대 및 통합 경로 데이터를 통한 맞춤형 서비스 제공
생활	직장인 맞춤 웰니스 서비스: M-Box	㈜)한컴위드	고려대 산학협력단, ㈜세친구, 네이버비즈니스, 플랫폼㈜, ㈜망고플레이트, ㈜디스크라이, ㈜GS리테일, ㈜소프트넷, ㈜휴니버스글로벌, BC카드㈜	개인의 건강진료와 카드 내역 분석을 통한 직장인 맛집추천, 정신 건강 관리, 장보기 서비스 제공
소상공인	소상공인 신용평가 기반 상가 부동산 가치 정보 거래 플랫폼	소상공인연합회	신한카드㈜, (재)한국간편결제진흥원, ㈜코렉스플래닝, ㈜한국금융솔루션, ㈜케이원정보통신, 한국부동산사업, 협동조합	상가 부동산 데이터 수집·유통을 통한 대출연계 소상공인 평가모형으로 점포 거래시장의 투명성 제고 및 상권분석 제공
교통	Micro-MaaS MyData를 활용한 도시문제 해결 데이터 에코시스템 구축	㈜ 데이터얼라이언스	㈜레디우스랩, ㈜나인투원, ㈜이비카드, 아토리서치㈜, ㈜크로센트, 부천시	개인의 MaaS 데이터를 활용한 대중교통 사각지대 해소 방안 및 최적의 교통수단 재배치 방안 분석

출처: 2020.6.12 과기정통부 보도자료

2021년 마이데이터 실증서비스 선정과제

분야	과제명	수행기관		서비스
		주관	참여	
의료	만성콩팥병의 전국망 마이헬스데이터	서울대학교 산학협력단	강원대병원, 고려대 산학협력단, 넥스트도어, 명지병원, 부산대병원, 을지대 산학협력단, 이한규내과, 인제대서울백병원, 잇마플, 창원파티마병원, 한림대강남성심병원	만성콩팥병 환자 데이터 기반 개인 맞춤형 서비스(맞춤 식단, 운동 코칭 등) 및 신약개발 임상시험 매칭 서비스 제공
의료	'마이헬스링크' 플랫폼을 통한 건강관리 올인원 서비스	㈜에비드넷	강동경희대병원, 강동성심병원, 강릉아산병원, 강원대병원, 경상국립대병원, 경희의료원, 길의료재단, 대구가톨릭대의료원, 동국대 산학협력단, 라이나생명보험, 명지의료재단, 부산대병원, 순천향대 서울병원, 순천향대 천안병원, 신한생명보험, 아주대병원, 원광대병원, 원주세브란스기독병원, 차의과대분당차병원, 한양대 산학협력단, 혜원의료재단	중·대형병원 환자 의료 데이터를 표준화 및 통합하여 "마이헬스링크" 플랫폼을 구축, 개인 통합 의료 데이터를 제3자(의료진, 활용기관 등)에게 중개

의료	헬스케어 마이데이터 기반 만성질환 예방 및 관리서비스	㈜아이크로진	네이버클라우드, 부산대병원, 웰트, 제이엘케이 한국마이크로 의료로봇연구원	임상기록, 개인건강기록, 유전체정보 등의 의료 데이터를 활용하여 헬스케어 플랫폼 구축 및 만성질환 예방·관리 서비스 제공
공공	MILIPASS 행복한 육군가족을 위한 나의 현역정보 활용지원서비스	한국간편결제진흥원	다큐브, 육군본부, 쿠콘, 포스뱅크솔루션즈, 현대이지웰	병역정보 및 소비(제로페이) 내역을 활용하여 군인·군인가족 대상 모바일 자격확인, 간편결제 및 맞춤형 할인 서비스 제공
공공	'이사온' 서울시 원클릭 이사행정 서비스	서울특별시	신한은행, 유라클, 에스앤피랩, 한국부동산원	이사에 필요한 전입신고, 확정일자, 대출 등의 서류를 데이터세트 형태로 제공하는 행정처리 간편화 서비스
생활 소비	스마트 생활 소비를 위한 컨슈머 비서 서비스	KT	비씨카드, 스마트로, 아톤, 포뎁스	통신사 및 카드결제 데이터 분석을 통한 소비자 맞춤형 상권분석, 가격변화추이, 포인트 제공 서비스
금융	플랫폼 노동자를 위한 소득통합정리 및 대안신용평가	신한카드	링크아시아 매니지먼트, 메쉬코리아, 코리아크레딧뷰로	소득 증빙이 어려운 플랫폼 노동자의 흩어진 소득정보를 통합 관리하고, 이를 활용한 신용점수 향상, 개인 맞춤형 금융상품 추천 서비스 제공
교통	마이데이터 기반 안심대리운전 서비스 개발	인플랩	7080대리운전, 교통안전환경연구소, 아롬정보기술, 한국교통안전공단, 한국노총전국연대노동조합, 한국대리운전협동조합, 한국대리운전총연합회	대리운전 기사의 운행데이터, 근로데이터를 활용한 실시간 출도착·위치 알림 및 개인 소득 통합관리 서비스

출처: 2021.6.7 과기정통부 보도자료

PART 1 마이데이터는 무엇이고 어떤 가치를 주는가?

1장 왜 지금 마이데이터인가?

1. Ministry of Transport and Communications, Finland, "MyData – an introduction to human-centric use of personal data:, 2020
2. MyData Global, whitepaper, "Declaration of MyData Principles", 2017

2장 마이데이터는 어떤 데이터인가?

1. WEF, white paper, "Rethinking Personal Data: A New Lens for Strengthening Trust", 2014
2. 데이터산업진흥원, "마이데이터 서비스 안내서", 2019
3. 금융위원회, 금융감독원, "금융분야 가명익명처리 안내서", 2021
4. 헌법재판소 2005. 5. 26. 선고 99헌마513 결정 전원재판부, 출처 www.law.go.kr/헌재결정례/(99헌마513)
5. MyData Global, whitepaper, "MyData – A Nordic Model for human-centered personal data management and processing(2014)"
6. 법무법인(유한) 광장, "MyData 서비스의 개인동의 방식 개선 연구", 2019
7. 금융위원회, 신용정보원, "금융분야 마이데이터 서비스 가이드라인", 2021

3장 마이데이터는 어떻게 작동하는가?

1. MyData Global, whitepaper, "Declaration of MyData Principles", 2017
2. MyData Global, whitepaper, "MyData – n introduction to human-centric use of personal data", 2020
3. Digital New Deal, whitepaper, "Personal Data Sharing – Governance as a Game Changer", 2020

4장 마이데이터는 어떤 기회를 제공하는가?

1. e-privacy 클린서비스, www.eprivacy.go.kr
2. 카드포인트통합조회시스템, www.cardpoint.or.kr
3. 휴면계좌통합조회, www.sleepmoney.or.kr
4. 통합연금포털, 100lifeplan.fss.or.kr
5. MyData Global, whitepaper, "MyData – A Nordic Model for human-centered personal data management and processing (2014)"
6. 한국데이터산업진흥원, 2019 마이데이터 현황 조사 (2019)

PART 2 마이데이터는 어떻게 발전해 왔나?

5장 마이데이터 해외 현황

1. UK, Department for Business, Innovation & Skills, Midata innovation opportunity, 2013
2. Foundation Internet Nouvelle Generation, fing.org

3. Ministry of Transport and Communications, Finland, "MyData – A Nordic Model for human-centered personal data management and processing (2014)"
4. MyData Global, "MyData – An introduction to human centric use of personal data (2020)"

6장 마이데이터 국내 현황

1. 4차산업혁명위원회, "개인주도형 의료데이터 이용 활성화 전략", 2019
2. 4차산업혁명위원회, 국민 건강증진 및 의료서비스 혁신을 위한 「마이 헬스웨이(의료분야 마이데이터)」도입 방안, 2021
3. 과학기술정보통신부 보도자료, "과기정통부, 의료 · 금융 · 에너지 등 마이데이터 서비스 8개과제 선정", 2019.5.16.
4. 과학기술정보통신부 보도자료, "과기정통부, 의료 · 금융 · 공공 등 마이데이터 실증서비스 8개 선정", 2020.6.11.
5. 과학기술정보통신부 보도자료, "국민이 체감하는 디지털 뉴딜 개인맞춤형정보(마이데이터) 실증서비스 8개 선정", 2021.6.7.
6. 조선일보, "우리은행, 롯데멤버스와 디지털 금융혁신 위해 맞손", 2020. 12. 16.

PART 3 마이데이터 관련 법제도와 기술

7장 마이데이터 관련 법제도

1. 헌법재판소 2005. 5. 26. 선고 99헌마513 결정 전원재판부, 출처 www.

law.go.kr/헌재결정례/(99헌마513)

2. 권영준, "개인정보 자기결정권과 동의 제도에 대한 고찰", NAVER Privacy White Paper, 2015

3. 개인정보 보호법(2020. 2. 4. 법률 제16930호)

4. 신용정보의 이용 및 보호에 관한 법률(약칭: 신용정보법) (2020. 2. 4. 법률 제16957호)

5. 한국인테넷진흥원, "우리 기업을 위한 EU 일반 개인정보 보호법(GDPR) 가이드북", 2018

6. 개인정보보호위원회, "개인정보 보호 법령 및 지침 · 고시 해설", 2020.12.

7. ZDNet, 기사, "Amazon fined $887 million for GDPR privacy violations", July 30, 2021

8. 금융위원회, 신용정보원, "금융분야 마이데이터서비스 가이드라인", 2021

9. 마이데이터 종합포털 홈페이지, www.mydatacenter.or.kr

10. 전자신문, 기사, "내가 남긴 데이터 유산, 어떻게 처리하나", 2015.02.16.

11. 한국인터넷자율정책기구, www.kiso.or.kr/정책위원회/정책규정/

12. 한국인터넷자율정책기구, "정책규정 해설서", 2018

8장 마이데이터 관련 기술

1. MyData Global, "Understanding MyData Operators", whitepaper, 2020

2. 신용정보원, "금융분야 마이데이터 서비스 가이드라인", 2021

3. 과기정통부, 보도자료, "블록체인 기술 확산 전략", 2020.06.12.

4. 한국인테넷진흥원, "우리 기업을 위한 EU 일반 개인정보 보호법(GDPR) 가이드북", 2018

5. 개인정보위원회, 한국인터넷진흥원, "2020 개인정보보호 실태조사",

2020

6. 한계레신문, 출처 홈페이지, "어디 갔는지, 얼마나 밟았는지…내 개인정보로 돈 버는 자동차회사", 21.3.23.

7. 유럽정보보호이사회(EDPB), 출처 홈페이지, "커넥티드 카와 모빌리티 관련 애플리케이션에서의 개인정보 처리 가이드라인(Guidelines 01/2020 on processing personal data in the context of connected vehicles and mobility related applications)", 21..3

8. 경기도경제과학진흥원, "경기도 마이데이터 플랫폼 구축 제안요청서", 2021.5.

9. 신용정보원, "금융분야 마이데이터 기술 가이드라인", 2021

10. 금융보안원, "금융분야 마이데이터 표준 API 규격", 2021

11. 윤미, "개인정보 비식별조치 신기술 검토: 차분 프라이버시와 동형암호", 신용정보원 CIS 이슈리포트 2018-2호, 2018

12. 경기도, 보도자료, "확진자 동선과 사용자 동선 비교해 접촉 위험도 알려주는 앱 개발", 2021.1.24.

PART 4   마이데이터로 수익을 창출하려면

9장   마이데이터 비즈니스 모델에는 어떤 것이 있을까?

1. 한국데이터산업진흥원, 2019 마이데이터 현황 조사 (2019)

2. 토스 홈페이지, https://toss.im

3. 신한은행 홈페이지 & 블로그

4. 산업통상자원부 보도자료, "마이헬스웨이 구축 시작",2021.2.24.

5. KILLI 홈페이지, https://www.reklaimyours.com/

6. 뱅크샐러드 마이데이터 맵과 비즈니스 확장성

7. UBDI 홈페이지, https://www.ubdi.com

8. Exdata 홈페이지, https://Exdata.io

9. 과학기술정보통신부 보도자료, "과기정통부, 의료 · 금융 · 에너지 등 마이데이터 서비스 8개 과제 선정", 2019.5.16.

10. 과학기술정보통신부 보도자료, "과기정통부, 의료 · 금융 · 공공 등 마이데이터 실증서비스 8개 선정", 2020.6.11.

11. 양경란, 박수경, 이봉규, 마이데이터 비즈니스 모델 유형 연구 − 국내 및 해외의 신규 비즈니스 모델 사례를 기반으로, 2020 한국경영정보 학회 추계학술대회, pp153~162

10장 마이데이터 비즈니스 사례

1. 알렉산더 오스터왈더, 예스 피그누어, "비즈니스 모델의 탄생", 2021, 비즈니스북스

2. "How Mint.com makes money − Advertisement, upgrades, referrals keep the basic service free", www.investopedia.com/articles/personal-finance/082216/how-mint.com-makes-money-intu.asp

3. "How does Mint make money? The Mint business model in a nutshell", Fourweekmba.com/how-does-mint-make-money/

4. "Mint by the numbers: Which user are you?", mint.intuit.com/blog/credit/mint-by-the-numbers-which-user-are-you-040616/

5. 민트(mint) 홈페이지, http://mint.intuit.com

6. 미국 국립의료정보기술조정처(Office of the National Coordinator for Health Information Technology, ONC)의 블루버튼 홈페이지 https://www.healthit.gov/patients-families/blue-button/about-blue-button

7. 미국 HealthIT 홈페이지, https://www.healthit.gov
8. 미국 Department of Verterans Affairs의 My HealtheVet 포탈, https://www.myhealth.va.gov/
9. Graham-Jones, Pierce and Panchadsaram, Ryan, "Introducing Blue But-ton+", Health IT Buzz. Office of the National Coordinator for Health IT, 2014
10. 블루버튼2.0 API 홈페이지 https://bluebutton.cms.gov/developers/#try-the-api
11. 디지미(digi.me) 홈페이지, https://digi.me
12. 한국 인터넷 진흥원 2020년 11월 4주 격주간 보고서 '일본 정보은행 사업의 인증 현황 및 기타 추진 사례'
13. 일본IT단체연맹 홈페이지 https://www.tpdms.jp/certified/index.html
14. Dprime 홈페이지

맺음말 **마이데이터 발전을 위하여**

1. John Ladley, Data Governance, Morgan Kaufman, 2012
2. 금융위원회 보도자료, "본인신용정보관리업 운영가이드라인 발간 및 마이데이터 지원센터 개소", 2021.2.22.

에필로그

2022년 1월 금융권의 본인신용정보업 관리서비스(마이데이터 서비스)가 본격화된다. 초미의 관심사가 되고 있는 마이데이터 서비스는 정보주체인 개인의 자기 정보 결정권이 강화되고, 마이데이터 서비스와 관련된 다양한 기업들의 이해관계가 걸려 있는 중요한 문제이다. 우리의 생활과 산업의 지형을 크게 흔들 수 있는 서비스로 빅데이터와 인공지능으로 대두되는 시대에 이를 활용한 서비스의 대표주자라고 말할 수 있다.

마이데이터에 대한 높은 관심속에서 마이데이터에 대한 전반적인 내용을 정리하여 내놓는 것이 정보주체인 개인이 자신의 데이터를 잘 활용하고 마이데이터 서비스를 제공하는 기업이 보다 나은 서비스를 제공하며, 또 마이데이터의 제도적인 측면을 아울러야 하는 정부가 산업의 활성화와 개인정보의 보호 및 활용이라는 두 마리의 토끼를 잡을 수 있게 하는 데 무엇보다 중요하다는 생각을 하게 되었다. 이러한 생각으로 우리는 마이데이터의 전반적인 내용을 모두 포함하는 책을 세상에 내놓게 되었다.

책은 크게 들어가는 말, 4개의 본문 파트 그리고 맺음말로 나누었다.
들어가는 말에서는 마이데이터에 대한 궁금증을 15가지 질문과 답으로 구성하여 마이데이터에 대해 잘못 알려지거나 궁금한 부분을 해소해 보려고 했다.

첫 번째 파트에서는 마이데이터는 무엇이고 어떤 가치를 주는가?라는 주제로 마이데이터의 정의, 역할, 작동방법 그리고 마이데이터가 주는 기회에 대해 정리하였다.(1장, 2장, 3장, 4장)

두 번째 파트에서는 마이데이터의 국내외 현황에 대해 정리하였다. 영국, 프랑스, 핀란드, EU, 일본, 미국 등의 마이데이터에 대한 역사와 현황에 대해 알아보고 시사점을 도출해보았다. 우리나라 마이데이터 현황은 금융, 공공, 의료, 기타 산업별로 정리해 보았다.(5장, 6장)

세 번째 파트는 마이데이터 인프라스트럭쳐로 마이데이터의 기반이 되는 법제도와 기술에 대해 다루었다.(7장, 8장)

네 번째 파트는 마이데이터를 활용한 다양한 비즈니스 모델에 대한 이야기를 사례와 함께 다루었다.(9장, 10장)

마지막 맺음말 파트에서는 마이데이터의 발전을 위한 제언을 정리해 보았다.

1장. 왜 지금 마이데이터인가?

마이데이터가 4차산업혁명의 시대인 지금 시점에서 왜 많은 관심을 받고 있는지를 정부정책 관점과 개인의 정보주권 확보와 정보의 쉬운 활용 사이의 균형을 추구하는 사회운동 관점에서 살펴보았다. 정부정책 관점에서는 산업진흥과 국민의 삶의 질 향상을 촉진하기 위해 데이터의 활용을 강화하는 것이 필요하다. 이를 위한 방안으로 공공정보의 개방, 개인정보의 가명화·익명화와 양립 가능성의 이용, 마이데이터 정책 등이 등장하였다. 이들로 인해 데이터 활용, 특히 개인정보의 활용에 대한 문턱을 크게 낮추어 새롭고 혁신적인 서비스를 가능하게 해 줄 것으로 기대된다. 사회운동의 관점에서는 시민의 정보주권 강화를 통해 내 정보를 내 편의를 위해 사용할 수 있도록 하기 위한 시민운동이 특히 북유럽권을 중심으로 활발히 전개되어 왔다. 대표적인 것이 비영리 기관인 '마이데이터 글로벌 MyData Global'이다. 마이데이터 글로벌은 매년 컨퍼런스를 개최하고, 마이데이터 원칙선언과 마이데이터 백서와 같은 자료를 발간하고 있다.

2장. 마이데이터는 어떤 데이터인가?

마이데이터가 어떤 데이터인가를 정확히 정의하는 것은 마이데이터 전반에 대한 올바른 이해를 갖는데 필수적이다. 마이데이터는 개인이 접근하고 통제할 수 있는 자원으로서의 개인 데이터를 의미한다. 마이데이터를 '개인에 대한 정보(About)', '개인이 권리를 갖는 정보(Of)', 그리고 '개인이 처리과정에 참여한 정보(By)', 그리고 '디지털 데이터로서의 개인정보(As)' 측면에서 검토해 보았다. 좁은 의미의 마이데이터는 "정보주체 개인에 대한 정보이며, 정보의 처리과정에 개인이 참여한 정보이며, 디지털 데이터로서, 개인정보의 전송요구권이 행사되어 데이터 활용 서비스에서 이용되는 개인정보"라고 정의해 볼 수 있다. 넓은 의미의 마이데이터는 "정보주체의 개인정보 자기결정권에 기초하여 정보제공 역할을 하는 조직으로부터 마이데이터 서비스로 이동되어 활용되는 개인정보"로 정의해 볼 수 있다.

3장. 마이데이터는 어떻게 작동하는가?

마이데이터 아키텍처에는 정보주체, 정보제공, 마이데이터 서비스, 오퍼레이터와, 생태계 거버넌스 같은 주 역할이 있다. 정보주체는 개인정보의 주체가 되는 사람의 역할이다. 정보제공은 개인정보의 수집, 저장 및 제어를 담당하는 역할이다. 마이데이터 서비스는 공급받은 개인정보를 활용하여 정보주체에게 데이터를 활용한 서비스를 제공하는 역할이다. 오퍼레이터는 마이데이터 계정 및 관련 서비스를 제공하는 역할이다. 생태계 거버넌스는 생태계에 대한 거버넌스 프레임 워크를 관리, 개발 및 실행하는 역할이다. 또한 마이데이터 포털, 중계기관, 본인확인기관 등의 보조 역할도 있다.

데이터 이동이 개인의 어떤 권리에 기반하는 지와 누가 오퍼레이터 역할을 주로 담당하는지에 기초하여 마이데이터가 어떻게 작동하는가를 6가지 유형으로 나누어 볼 수 있다. (유형 I) 제3자 정보제공 동의 기반 데이터 이동, (유형 II) 열람권 대리 기반 데이터 이동, (유형 III) 다운로드권 기반 데이터 이동, (유형 IV) 전송요구권 기반 데이터 이동, (유형 V) 마이데이터 플랫폼 기반 데이터 이동, (유형 VI) 자기주권 신원관리SSI 기반 데이터 이동 등이 그것이다.

4장. 마이데이터는 어떤 기회를 제공하는가?

마이데이터가 개인과 기업 그리고 공공에게 주는 의미는 크다. 개인은 마이데이터를 잘 활용함으로써 더 나은 삶을 영위할 수 있다. 개인의 경제 활동과 라이프스타일에 맞는 자산 관리 방안을 제공해주고 더 나은 의료 서비스를 받을 수 있게 해 준다. 또한 기업은 마이데이터를 활용하여 고객에게 초개인화 서비스를 제공함으로써 고객가치를 높이고 비즈니스를 성장시킬 수 있다. 더 나아가서는 마이데이터를 활용한 새로운 비즈니스 모델을 구현함으로써 기업의 사업영역을 확장할 수 있다. 개인 삶의 만족과 산업의 활성화 측면에서 마이데이터는 중요한 부분이고 그렇기 때문에 공공의 데이터와 민간의 다양한 산업으로부터의 데이터가 같이 융합될 수 있는 공공과 생태계의 역할이 중요하다.

5장. 마이데이터 해외 현황

지난 10여 년간 세계 여러 나라에서 추진되었던 마이데이터 관련 정책과 민간 차원의 마이데이터 활용 시도에 대해 알아보았다. 가장 먼저 마이데이터 정책을 펼친 유럽 국가들(영국, 프랑스, 핀란드)와 유럽연합의 사례를 보면, 공통적으로 일찍부터 정부의 주도로 정책 방향을 설정하고 이를 법제화하는 방식을 취했지만 정보를 처리하는 기업에 의무 사항 부과를 최소화하면서 실제 서비스의 구현은 민간이 자발적으로 하도록 한 점이 특징이다. 특히 EU의 GDPR 법제화 사례는 전반적으로 개인정보보호권을 강화하는 동시에 정보이동권의 명시를 통해 마이데이터의 법적 토대를 만든 것으로 다른 나라들의 벤치마킹 대상이 되고 있다. 반면에 미국과 일본은 정보이동권 등을 명시적으로 법제화하지 않고, 자국의 상황에 맞게 스마트공개제도, 정보은행 제도 등을 도입하고 있다.

6장. 마이데이터 국내 현황

국내에서 데이터 3법 개정을 전후해서 진행되고 있는 각종 정책과 민간 주도의 사례들을 금융·공공·의료·기타의 분야별로 살펴보았다. 국내에서는 「신용정보법」에 의해 신용정보의 전송요구권이 명시된 금융권에서 마이데이터의 도입을 주도해 나가고 있다. 「신용정보법」은 금융위원회의 허가를 받아 영위할 수 있는 전문 금융업으로 본인신용정보관리업을 도입하였고 2021년부터 기존 금융회사와 핀테크업체들을 대상으로 사업허가를 내어주고 있다.

공공 부문에서는 민원처리법과 전자정부법에 정보주체 본인에 관한 정보의 전자적 제공·이용 근거가 확보됨에 따라 공공마이데이터 시범사업이 진행되고 있다. 그 외의 의료, 교통, 유통, 에너지 등 분야에서는 마이데이터 서비스의 확산이 느리긴 하지만 과학기술정보통신부가 주관하는 마이데이터 실증서비스 지원사업을 통해 다양한 사례들이 쌓이고 있다.

7장. 마이데이터 관련 법제도

마이데이터 관련 법률에는 「개인정보 보호법」, 「신용정보법」, 「민원처리법」, 「전자정부법」 그리고 EU GDPR 등이 있다. 우리는 자신에 관한 정보가 언제 누구에게 어느 범위까지 알려지고 또 이용되도록 할 것인지를 정보주체인 개인 스스로 결정할 수 있는 권리인 개인정보 자기결정권을 갖는다. 마이데이터 제도가 시행되기 이전에는 개인정보 활용의 법적 기반이 정보주체의 동의였다. 또한 정부주체의 열람요구권을 대리행사하여 화면 스크래핑을 통해 개인정보를 수집해 활용하고자 하는 시도들이 이루어져 왔다. 마이데이터 제도 시행을 위해 관련 법률들에 정보이동권 관련 조항들이 신설되어 개정되기 시작하였다. 금융 마이데이터 분야에서 「신용정보법」에 전송요구권, 전송의무, 그리고 본인신용정보관리회사 조항이 신설되었다. 공공분야에서는 민원인의 요구에 의한 본인정보 공동이용 및 정보주체 본인에 관한 행정정보의 제공요구권이 각각 「민원처리법」, 「전자정부법」에 신설되었다. 「개인정보 보호법」은 개인정보의 전송 요구권을 포함하는 개정안이 입법예고되고 있다.

이제 정보이동권을 기반으로 22년 1월부터 본격적인 마이데이터 시대가 열리게 되었다. 비금융 분야에서도 마이데이터를 활성화시키기 위해서는 각 분야에 맞는 마이데이터 전문 기관이나 종합포털, 중계기관 등에 대한 법적 정비가 필요해 보인다. 비금융 분야에서 전송요구권에 따른 사업자의 전송의무를 일률적으로 법률로 의무화하기는 어렵다. 또한 비금융분야에서는 마이데이터 사업자를 허가제로 할 것인지 등록제로 할 것인지에 대한 추가적인 논의와 합의가 필요한 시점이다. 개인의 잊혀질 권리에 따른 마이데이터의 정보주체 사후 처리방안, 마이데이터의 국외 이전 등 데이터 주권에 대한 사항도 관련 법률에서 보완되어야 할 것이다. 향후 마이데이터를 넘어서 가족 등 공동체 데이터Our Data, 개인사업자에 대한 마이사업자데이터MyBizData등에 대한 법률조항도 필요해질 것이다.

8장. 마이데이터 관련 기술

마이데이터 생태계내의 가치사슬은 계정관리, 생성, 저장, 이동, 활용, 삭제 프로세스, 그리고 보안 및 거버넌스로 이루어진다. MyData Global의 오퍼레이터 참조 모델은 신원 관리, 허용 관리, 운영 서비스 관리, 가치교환, 데이터 모델 관리, 개인 데이터 전송, 개인데이터저장소, 거버넌스 지원, 책임성 및 로깅으로 구성되어 있다.

계정관리를 위한 신원관리 모델은 개별 신원관리 모델, 중앙집중형 신원모델, 연합 신원관리 모델, 그리고 자기주권 신원관리 모델로 구분해 볼 수 있다. 또한 계정관리를 위하여 허용 정보(동의, 권한, 위임, 알림, 법적 근거, 목적, 선호 등 개인의 허가 내용, 프라이버시 설정, 그리고 데이터 원천과 제공서비스에 대한 개인의 연결정보 등)가 관리되어야 한다. 생성 프로세스에 대해서는 정보주체 스스로가 헬스 디바이스나 휴대폰 매개로 셀프로 마이데이터를 생성하는 기술과 모빌리티에서 발생하는 개인정보를 관리하는 기술이 중요해지고 있다. 저장 프로세스 기술은 오브젝트 스토리지, 개인데이터 저장소, 데이터 표준관리 등이 있다. 이동 프로세스 기술은 스크린 스크래핑, 표준 API, API관리, 자기주권 신원관리 모델, 결제수단 등이 있다. 활용 프로세스 기술은 데이터마이닝, 인공지능 등이 있다. 삭제 프로세스 기술은 아카이빙 등이 있다. 보안 프로세스 기술은 가명화 · 익명화 기술과 차분 프라이버시, 동형암호 등이 있다. 거버넌스 기술은 로그관리, 통지 등이 있다.

9장. 마이데이터 비즈니스 모델에는 어떤 것이 있을까?

마이데이터 생태계에 참여하는 개인은 마이데이터의 원천인 개인정보를 제공하는 역할과 마이데이터 서비스의 최종 사용자 역할을 하게 된다. 마이데이터 비즈니스 모델을 두 가지로 구분해 보았다. 마이데이터 사업자가 최종사용자인 정보주체에게 제공하는 다양하고도 혁신적인 서비스를 프런트엔드 서비스로 구분하였다. 마이데이터의 출현으로 새롭게 대두된 정보주체, 정보 제공, 마이데이터 서비스 등의 역할을 중심으로 이를 지원하는 비즈니스 모델을 백엔드 서비스로 구분하였다. 프런트엔드 서비스는 정보주체에게 편리한 서비스, 금전적 혜택을 제공해 주고 마이데이터를 활용하여 사회적 기여, 산업 발전에 기여, 연구 기여 등의 다양한 기여 활동들을 통해 개인의 삶뿐만 아니라 더 나은 지구촌을 만드는 데 도움을 줄 수 있다.

10장. 마이데이터 비즈니스 사례

마이데이터 비즈니스 사례 중 대표적인 4개의 사례를 살펴보았다. 미국의 자산관리 서비스인 민트는 거래 데이터 자동분류 기능 정확도를 높여서 사용자 편의성을 제고함으로써 차별화를 하였다. 기업들에게 데이터 판매를 함으로써 얻는 수익을 통해 개인에게는 무료로 제공하는 Freemium model을 사용하고 있다. 정보주체에게 개인정보 저장소를 제공하는 영국의 디지미는 암호화 키는 개인의 휴대전화에, 개인정보 저장위치는 개인 각자의 클라우드 드라이브(구글드라이브, 윈드라이브, 드롭박스)를 활용함으로써, 프라이버시는 강화하고 플랫폼 구축비용은 최소화한 특징이 있다. 또한 전문 마이데이터 오퍼레이터 역할을 하면서 다양한 제3자 파트너들과 협업을 하여 서비스를 제공하고 있다.

미국의 스마트공개제도의 하나인 블루버튼은 개인이 자신의 의료에 관한 정보를 파란색 버튼을 눌러서 제공받는 서비스인데 병의원 등의 다양한 정보제공자들이 블루버튼 운동에 자발적으로 참여하는 운동을 펼치고 있고 데이터 전송권을 법제화하지 않고도 '내 데이터 다운로드'를 통해 정보주체에게 자기결정권을 제공하고 있다. 데이터의 효율적 활용을 위해서는 여러 당사자간 데이터 형식과 전송에 대한 표준제정이 필요하여 이를 추진 중에 있다. 일본의 정보은행은 개인정보 저장소PDS보다 한 단계 더 나아가 신탁 개념을 개인정보에 도입하였다. 정보은행이 정보주체로부터 개인정보의 포괄적 제공에 대한 동의를 받고 개인정보를 신탁받아 이를 필요로 하는 기업에 제공한다. 정보주체에게 보상으로 지역업체의 할인쿠폰 제공 등 지역진흥 플랫폼으로서의 역할을 중시하고 있다.

이 책이 정보주체인 개인, 마이데이터를 활용하여 서비스를 하고 있거나 이를 준비하는 기업, 또 정책을 담당하는 정부가 마이데이터에 대한 이해를 높이는 데 조금이나마 도움이 되길 기대한다. 우리나라 마이데이터 발전을 염원한다.

마이데이터 제대로 알기

초판 1쇄 인쇄 _ 2022년 1월 10일
초판 1쇄 발행 _ 2022년 1월 15일

지은이 _ 김명희, 오세창, 이동렬

펴낸곳 _ 바이북스
펴낸이 _ 윤옥초
책임 편집 _ 김태윤
책임 디자인 _ 이민영

ISBN _ 979-11-5877-282-6 03320

등록 _ 2005. 7. 12 | 제 313-2005-000148호

서울시 영등포구 선유로49길 23 아이에스비즈타워2차 1005호
편집 02)333-0812 | 마케팅 02)333-9918 | 팩스 02)333-9960
이메일 postmaster@bybooks.co.kr
홈페이지 www.bybooks.co.kr

책값은 뒤표지에 있습니다.
책으로 아름다운 세상을 만듭니다. ― 바이북스

미래를 함께 꿈꿀 작가님의 참신한 아이디어나 원고를 기다립니다.
이메일로 접수한 원고는 검토 후 연락드리겠습니다.